MARTIN EGG
FRÜAH'R OND IATZT

Martin Egg

Früah'r ond iatzt

Gedichte, Erzählungen, Erinnerungen
und Schulaufsätze
in schwäbischer Mundart

Zeichnungen: Cölestine Egle-Egg

Herausgeber: Müller-Druck & Verlag, 86381 Krumbach

Fotosatz und Druck:
Buch- und Offsetdruckerei Müller

Inhaltsverzeichnis

Lieber Leser!

In meim fünfta Buach „So bin i halt" hau i g'schrieba, daß dös wahrscheinlich mei letzschtes sei wird. Heit bin i froah, daß i „wahrscheinlich" g'schrieba hau, denn im Jauhr 1989 haut mi die Muse so oft geküßt, daß es für a sechstes Buach g'roicht haut. Dös isch aus Altersgründen entgültig mei letzschtes.

I wünsch mir, daß i mir mit meim letzschta Buach en entsprechenda Abgang verschafft hau ond daß manch'r Leas'r sait: „Schad, daß er scha so alt isch." I bin nämlich am 18. Juni 1990 fünfundsiebzig woara.

Ottobeuren, den 18. Juni 1990

MARTIN EGG

I bin am 18. Juni 1915 no it recht auf d'r Welt g'weah, isch scha am 19. Juni, also am Dag drauf, a fürwitziga Bäs aus W. komma om zom gucka, wia i hersieh ond weam i gleichsieh. Dia Bäs haut mi scha an meim zwoita Dag g'ärgrat. Ond von weaga „Kindbettschenka", mitbraucht haut sie wed'r mir, no mein'r Muatt'r Ebbes. Dös isch dia Bäs, dia bei jedem Kraum'rmarkt zua ons ins Haus komma isch ond dia jedesmaul voar ons Kind'r a ganzes Pfond Aufschnitt ond sechs frische Bretzga gessa ond dauzua a paar Halbe Bier tronka haut, dia i ihr, wo i nau scha groaß g'nua war, hola hau müassa. Jedesmaul drei Schoppa im Maußkruag. Von der Bäs hand mir Kind'r an so ma Marktdag nia a Fünf'rle od'r a Rädle von ihr'r Wurscht kriagt. Sowas merkt ma sich. I woiß oin Marktdag, dau war in Krumbach d'r Bartholomäusmarkt, dau hau i für sie, weil es so hoiß war, vier maul mit'm Kruag schpringa müassa. Weil i mir jedesmaul a paar richtige Schluck g'nomma hau, bin i beim vierta maul grad no mit ma Schoppa hoimkomma. I hau behauptet, daß der Kruag rinnt, ab'r dös haut ma mir it glaubt, weil i scha ganz glasige Auga g'hett hau.

Wia dia Bäs mi an deam 19. Juni 1915 a zeitlang a'guckat ond g'muschtrat haut, haut sie abschließend wortwörtlich zua mein'r Muatt'r g'sait: „Fanny! hauscht du en wüaschta Siacha." Dau haut sie mi daumit g'moint. Dös hau i mir guat g'merkt. Wia dia mi zom erschta maul in ihrem guata Sonntagshäs auf da Schoaß g'nomma haut, hau i ihr dean wüaschta Siacha hoimzahlt. Dau hau i es mit Fleiß – – ihr wissat scha was i saga mächt, laufa lau. Ab'r scha so ausgiebig, daß es bei ihr, weil sie nia a Hos a'g'hett haut, bis auf d' Haut durchganga isch. Bua dau haut sie g'wafflat.

Dös frait mi heit no. Dortmauls haut es zom guata Glück
no koine Pämpers geaba.

Es ka ja sei, daß i am zwoita Dag it grad schea war, i bin
ja au no om vier Wucha z' früah auf d' Welt komma, (dean
oina Monat hau i mein'r Muatt'r g'schenkt), ab'r sowas
sait ma doch it vom ma kloina Kind. Für mei Muatt'r war
i d'r All'rschönschte – – ond i hau mi au no ganz nett zäma-
g'wachsa.

Mei Hobby

Mei Hobby isch Dichta ond Schreiba ond zwar hauptsächlich in mein'r mitt'lschwäbischa Mundart. In d'r Mundart desweaga, weil ma dau alles viel herzlich'r ond innig'r saga ka, als wia z. B. auf Hochdeutsch. Ein Wohnzimmer isch für ons Schwauba a „Schtub", anstatt die Leute ausrichten, sagat mir „hoigarta". Zum Paten sagat mir „Dotle", zur Kusine „Bäsle" u.s.w.

Wenn mir Schwauba Ebbes besond'rs nett saga wend, nau hängat mir an dös betreffende Hauptwort oifach a „le" hintana. Z. B. Büable, Mädale, Vögale, Bächle u.s.w. Wenn wir Ebbes it so hart saga wend ond wenn Ebbes bloß halb so schlimm klinga soll, nau hängat mir au a „le" hintana. Nau isch a Rausch a Räuschle, a Mensch a Menschle, a Bruch a Brüchle ond a Schlag a Schlägle.

Ma haut mi scha oft g'fraugat, wia i zom Dichta komma sei. Dös war ganz oifach. In d'r Volksschual hand mir a'maul a Gedicht in schwäbisch'r Mundart auswendig lerna müassa. Dös Gedicht haut mir so guat g'falla, daß i mir voarg'nomma hau, wenn i a'maul groaß bin, au Ebbes in d'r Mundart zom Dichta. Dös Gedicht, dös mir dortmauls anno 1926 so guat g'falla haut, isch vom Hyazinth Wäckerle ond es gaut so a:

> Hei! Grüeß di Gott Ländle,
> Gott grüeß ui ihr Leit!
> Ma trifft gar nix sottiges
> Ond gaut ma au weit.

Grad recht isch dös Ländle,
It z'mag'r it z' fett,
So liable, so g'schmächle,
Mit oim Wort halt nett.

Von meine all'rerschte Gedichtla, dia i als Bua
g'schrieba hau, sind bis auf zwoi leid'r alle verloaraganga.
Dös oine von deane zwoi hau i mein'r Muatt'r zua ihrem
Namensdag g'macht ond es hoißt:

Liebe Mutter!
Heute ist Dein Namenstag,
weil ich nichts zu schenken hab,
schenke ich Dir, das ist kein Scherz,
mein kleines Bubenherz
und die Veilchen obendrein,
Du sollst immer bei mir sein.

's andere Gedicht hau i em ma Mädle g'schenkt; dau war
i 15 Jauhr alt ond grausam verliabt. Dös Gedicht hoißt:

Liebe Dora!
Ich liebe Dich so sehr,
komme bitte nach der Christenlehr
in den Englischen Garten,
dort will ich auf Dich warten.

Dort will ich Dich fragen
und Du sollst dann sagen
unter einem Holderstrauch:
„Martin, ich liebe Dich auch."

Sie isch tatsächlich komma – – ab'r mit ma andara – –
mit ihrem Vat'r ond der haut mir nau a Liebeserklärung
g'macht, daß i dia bis heit it vergessa hau.
So harmlos haut mei Dichterei a'g'fanga.

Ein paar Schulerinnerungen

Was bedeutet mir die Heimat

Der Mensch

Tafl und Griffl

Martin! Hol's Kendle

's Schualbüable

Was bedeutet mir die Heimat?

Die Heimat bedeutet mir alles. Sie kommt gleich nach meinen Eltern, Großeltern und Geschwistern. So wie ich mich zu Hause geborgen fühle, so fühle ich mich in meiner Heimat geborgen. Meine Heimat ist das Schwabenland. Das schönste Land, das der liebe Gott erschaffen hat. Da gibt es einfach alles. Berge, Seen, Flüsse, kleine Bächlein, mächtige Wälder, goldene Getreidefelder, daraus die Mohn- und Kornblumen leuchten, grüne Wiesen, braune Kühe und besonders liebe Menschen und über allem strahlt ein blauer Himmel.

Die Heimat sind die vielen Vögel, die den ganzen Tag singen und jubilieren, die bunten Schmetterlinge, die Goldkäfer, die fleißigen Bienen und die vielen Blumen. Meine Heimat sind auch die Straßen und Gässchen, durch die ich jeden Tag gehe.

Ich möchte immer in meiner Heimat bleiben, weil es da so schön ist und weil mir da alles so vertraut ist.

Die Heimat ist und bleibt tief in meinem Herzen solange ich lebe.

Martin Egg

Der Mensch

Eines Tages ist man da. Wer einen bestellt hat, das ist der Vater und wer die Arbeit damit hat, das ist die Mutter. Man besteht aus Fleisch und Knochen. Die Wirbelsäule ist ein Knochen, der den Rücken herunterläuft; obendrauf sitzt der Kopf, untendrauf sitze ich selbst. Ob Junge oder Mädchen, das ist Glücksache. Wer Glück hat, ist ein Junge, wer kein Glück hat, ist ein Mädchen. Man kann reich, man kann aber auch arm geboren werden. Wer reich geboren wird, der hat es im Leben leichter.

Es kann vorkommen, daß bei der Geburt, obwohl man nur ein Kind bestellt hat, zwei oder auch drei Kinder auf einmal kommen. Da geht es dann wie bei unserem Metzger, der immer frägt, ob es etwas mehr sein darf? Zwei sind Zwillinge, drei sind Drillinge, vier sind ein Quartett. Alle haben den gleichen Vater und die gleiche Mutter. Die Buben sehen meistens der Mutter, die Mädchen dem Vater gleich. Darum sind die Buben auch viel schöner. Es gibt aber auch Kinder, die sehen den Großeltern, dem Postboten oder dem Nachbarn gleich. Wer dem Postboten oder dem Nachbarn gleichsieht, der ist nicht ganz reinrassig – sagt meine Mutter.

Den Unterschied zwischen einem Mädchen und einem Buben erkennt man an der Farbe. Die Mädchen haben rosa, die Buben haben blau, wenn sie angezogen sind. Wenn sie ausgezogen sind, habe ich den Unterschied noch nicht gesehen. Das tut es noch, wenn ich größer bin, hat die Mutter zu mir gesagt.

Man kommt ohne Zähne auf die Welt. Die bekommt man erst später, aber nicht alle auf einmal, sondern nacheinander, damit es öfters weh tut.

Bei der Geburt bekommt man ein Herz, eine Lunge, einen Magen u.s.w. Man sagt dazu Organe. Eine Seele und einen Verstand bekommt man auch. Beim Verstand ist es so, daß nicht jeder gleichviel bekommt. Der Verstand richtet sich nach der Erbmasse und nach dem Heiligen Geist.

Das Leben ist ein großes Wunder. Man ist plötzlich da, man wird bis zu zwei Meter groß, bis zu drei Zentner schwer und bis zu hundert Jahre alt, wenn man nicht vorher stirbt.

Martin Egg

Tafl und Griffl

I hau als Schualbua a'maul en Lehr'r g'hett, zua deam bin i gar it geara in d' Schual ganga. Der haut mir mit seim täglicha „Tafl ond Griffl", die ganze Fraid g'nomma. Dös mit deam „Tafl ond Griffl" war so. Dau haut er ons glei in d'r erschta Schtund Rechenaufgabe g'schtellt, dia mir im Kopf lösa ond d' Lösung auf onsere Schief'rdafl schreiba hand müassa. Nau isch er durch d' Bankreiha ganga ond a jed'r, der a falsche Lösung aufg'schrieba g'hett haut,

haut von ihm a Datz kriagt. Dös haut er jeden Dag solang g'macht, bis fascht a jed'r von ons Buaba seine drei bis sechs Datza g'hett haut. Nau erscht war er zom hau. I war wirklich koi schlecht'r Rechn'r ond trotzdeam bin i selta leer ausganga.

I war all heilfroah, wenn d' Ferien komma sind. Zua mein'r Zeit haut ma zua de Ferien no „Vakanz" g'sait. D' Weihnachtsvakanz haut all vom Heiliga Aubad bis zua de Heilige Drei König daurat. Wenn in d'r Kirch em Kripple die Heilige Drei König aufg'schtellt woara sind, nau hau i es scha g'wißt, daß d' Schual bald meah a'gaut. Ond dau hau i mir a'maul üb'rlegt, wia i dös macha könnt, daß d' Vakanz no a paar Däg läng'r daurat. I hau mir üb'r-legt, solang die Heilige Drei König no it dau, also no auf'm Weag zur Krippe sind, solang könnat se in d'r Kirch da Fei'rdag it halta ond solang ka au d' Schual it a'ganga. Dös war mei Üb'rlegung.

Am Dag voar de Heilige drei König bin i in d' Kirch nei-ganga ond hau solang g'wartat, bis i a'maul ganz alloi voar em Kripple g'schtanda bin. Wia nau dös d'r Fall war, hau i schnell dia Heilige Drei König mitsamt ihre Kamel'r aus'm Kripple rausg'nomma ond in mei Millkann nei ver-steckt, dia i zur Tarnung mitg'nomma hau. Wenn es it ganga wär, nau hätt i halt a Weihwass'r in d'r Millkann mit hoimbraucht.

Nau hau i voar em Kripple schnell mei Kniabeig g'macht ond bin hoimle ond von niemand g'seah, bei d'r hintara Kirchatür naus. Hurra! hau i mir denkt, iatzt hau i es in d'r Hand, beziehungsweise in d'r Millkann, wialang d' Weih-nachtsvakanz no daurat.

Dau hau i mi fei gewaltig däuscht. Am nägschta Dag war trotz de fehlende Heilige Drei König Fei'rdag ond d' Schual isch trotzdeam am Dag drauf a'ganga ond glei wied'r mit Tafl ond Griffl.

Natürlich haut sich alles g'wundrat, daß d'r Messm'r vergessa haut, die Heilige Drei König ins Kripple nei'zomschtella, doch der haut fescht ond schteif behauptat, daß er dia am Dag zuvoar persönlich neig'schtellt haut. „Nau sind se g'schtohla woara", haut es in ganz Krombach g'hoißa. Dia Schand!

I muaß scha saga, mei Vertraua in de Heilige Drei König war gewaltig erschütt'rt ond aus deam Grund hau i's g'nomma ond haus em ma günschtiga Moment samt ihre Kamel'r meah ins Kripple neig'schtellt.

„Die Heilige Drei König sind meah dau, a Wund'r isch g'scheah" haut es bald drauf üb'rall g'hoißa. Dös war koi Wund'r, dös war i.

I hau mir üb'rlegt, ob i it im nägschta Jauhr 's Chrischtkindle entführ ond nauch de Fei'rdag mit in d' Schual nimm, daumit es a'maul selb'r sieht, wia gemein dös mit deam „Tafl ond Griffl" isch, ab'r dau hand mir en andara Lehr'r g'hett, der viel nett'r war. Ond so hau i 's Chrischtkind it entführa müassa.

Bei deam scheana Nama „Chrischtkendle" fällt mir no Ebbes ei, dös i glei anschließend v'rzähl.

18

Martin! hol 's Kendle

Es war am 24. Dezemb'r 1927, dau war in d'r Früah a Meß, wo i hau minischtriera müassa. I war mit meine Gedanka beim Chrischtkendle ond was es mir am Aubad wohl bringa wird. I hau mir alles so wund'rbar ausdenkt ond i hau g'hofft, daß mir 's Chrischtkendle hui'r mein Herzenswunsch, a elektrische Eisabah, erfülla wird. Plötzlich hau i g'härt, wia d'r Herr Pfarr'r zua mir g'sait haut: „Martin! hol 's Kendle." I war mit meine Gedanka all no beim Chrischtkendle, d'rom war i au gar it üb'rrascht, daß i em Herrn Pfarr'r 's Kendle hola soll. I bin schnell, dös hoißt, wia es sich halt für en Minischtranta geziemt, nausganga ond hau aus'm Kripple 's Kendle rausg'nomma ond hau es ganz behutsam em Herrn Pfarr'r braucht. I war g'schpannt, was der mit'm Chrischtkendle a'fangt, denn dös war bisher no nia d'r Fall, daß ma während d'r Meß 's Kendle aus'm Kripple g'hollat haut.

Wia i em Herrn Pfarr'r 's Kendle üb'rreicha hau wolla, haut der mi z'erscht ganz erschtaunt a'guckat, nau haut er en roata Kopf kriagt ond nau haut er ganz narrat zua mir g'sait: „Was willscht du denn mit'm Chrischtkendle? I hau doch g'sait, du sollscht mir 's Kännle, 's Weinkännle hola, weil dös der Hellseh'r vom ma Messm'r vergessa haut. Ab'r i sieh scha, du bischt no dümm'r als wia der." I bin mit meim Chrischtkendle fui'rroat am Altaur g'schtanda ond mei Buabaherz haut ganz wild g'schlaga; 's Heula hau i grad no verhebt. In de vordere Bänk hand d' Kind'r kichrat, daß is guat hära hau könna.

Dau isch in mir der Gedanka nau aufkomma, daß i da Herr Pfarr'r au a'maul so blamier, wia er mi. Dia Gelegenheit dauzua haut sich scha am Dag drauf ergeaba. Ond dös war so: I muaß voorausschicka, daß d'r Messm'r a leidenschaftlich'r Moschttrink'r war. Er haut jedes Jauhr g'moschtat, sei Moscht war ab'r jedes Jauhr so sauer, daß it a'maul mir Minischtranta ons an seim Moscht vergriffa hand, von deam er all a Lit'rfläsch in d'r Sakristei verschteckt g'hett haut.

Äußerscht günschtig für mei Vorhaba war dös, daß d'r Messm'r sein Moscht all in die leere Meßweinfläscha abg'füllt haut. So hau i bloß herganga ond dia zwoi Fläscha mitanand'r vertauscha müassa. Zuvoar hau i all'rdings z'erscht a paar richtige Schluck aus d'r Meßweinfläsch nehma müassa, daumit d' Menge mit der in d'r Moschtfläsch üb'reing'schtimmt haut.

I hau bei deam Hochamt bloß 's Weihrauchfaß schwinga müassa.

Dös G'sicht vom Herrn Pfarr'r hättat ihr seah solla, wia der anschtatt em Wein, dean saura Moscht trinka haut müasssa. I hau schnell wo and'rscht na'guckat, sonscht hättat mi meine Auga verrauta, so hand dia g'schtrahlt ond glänzt. I hau voar laut'r Fraid mei Weihrauchfaß so hoach ond elegant g'schwunga, wia nia zuvoar. I hätt's am liabschta ganz rondom g'schwunga, in so r'r meßweinseliga Schtimmung war i, ab'r dös wär aufg'falla.

Als Weihrauchfaßschwing'r bin i üb'rhaupt it in Verdacht komma; ab'r da Messm'r haut es verd'wischt ond dös wia.

Ob dös, was i dau g'macht hau, em Chrischtkendle g'falla haut od'r it, dös war mir grad gleich, weil es mir am Heiliga Aubad wied'r koi elektrische Eisabah braucht haut.

's Schualbüable

I ka es guat verschtanda, daß ma als Kind heilat, weil ma
in d' Schual ganga muaß. I selb'r hau aus deam Grund au
manches maul g'heilat.

Daß ma ab'r heilat, weil ma „it" in d' Schual ganga ka,
dös ka i it verschtanda. Dös isch em ma Büable passiert,
dös im Kloscht'r Ottobeira bei de Benediktin'r in d' Schual
ganga ond schtudiera hätt solla. I woiß, es war fremd in
deam groaßa Kloscht'r ond dös Kloscht'r haut arg lange
Gäng mit viele Zimm'r ond Türa. In d'r Früah, wenn es no
it recht hell isch, isch es auf deane lange Gäng arg duscht'r.

Dau isch also dös sell Büable nauch vergeblichem Suacha
nauch seim Schualzimm'r daug'schtanda ond haut herzer-
weichend g'heilat. Fremd isch elend sait ma, ond 's Hoim-
weah wird bei deam Büable au a Rolle g'schpielt hau.

Zom guata Glück isch a Pat'r da Gang entlang komma,
der a groaßes Kreuz vornadanahanga g'hett haut. Der
haut nau dös Büable g'fraugat, waurom es denn so heina
däb. Dös Büable haut nau schluchzend g'sait: „Weil i mei
Schualzimm'r it finda ka." Der Pater mit deam groaßa
Kreuz vornadana, war d'r Hochwürdige Herr Abt selb'r.
Wia der dös Büable nau g'fraugat haut, von woher er denn
sei, haut dös nau g'sait: „I bin von Kimratshofa." „Iatzt so
ebbes", haut d'r Herr Abt daudrauf g'sait, „i bin von
Kempta."

Dau war's deam Büable, als wenn d' Sonn aufging ond
alles hell erleuchta däb. D'r Herr Abt haut dös Büable nau
persönlich in sei Schualzimm'r neig'führt.

Aus deam Büable isch schpät'r a tüchtig'r Arzt ond Chirurg woara, der ab ond zua auf Ottobeira kommt ond der jedesmaul in d' Basilika ond ins Kloscht'r neiguckat ond der sogar jed'rzeit a Führung durch Kirche ond Kloscht'r macha könnt, weil ihm alles in deane Jauhr, wo er dau schtudiert haut, so vertraut woara isch.

Dös G'schichtle, dös mir der Herr Dokt'r bei ons'rm erschta Zusammentreffa selb'r v'rzählt haut, isch so liab, daß is unbedingt feschthalta hau wolla.

D'r Himbeerdatsche

Wenn es iatzt en Datsche gibt, ganz gleich ob Zwetschga-, Apfl- od'r Dopfadatsche, nau hand mir an deam mindeschtens acht Däg lang.

I woiß a Zeit, wo er bloß für zwoi Däg g'roicht haut, ja sogar, wo er an oim Dag aufgessa woara isch; daubei war er all gleich groaß. Solang d' Kind'r no im Haus warat, haut er für högschtens zwoi Däg g'roicht. Wo i selb'r no a Kind war ond wo mir zu acht om da Disch rom g'sessa sind, haut es zuvoar a Kartofflsupp geaba, sonscht wärat mir vom Datsche alloi it satt woara.

Wenn in de Groaße Ferien mei Onkl aus Müncha mit sein'r Frau ond seine zwoi Mädla auf B'suach komma isch, nau warat mir insgesamt zwölf Persona. Zua der Zeit haut es im Wald dussa moischtens viel Himbeer, mir Schwauba sagat dauzua au „Hohlbeer", geah. Von deane Hohlbeer, dia mir Kind'r brockat hand, haut d' Großmuatt'r en Datsche g'macht. Dau hau i nau scha a Stückle schtibitza müassa, sonscht hätt i von deam koins verd'wischt, so isch der B'suach üb'r dean Datsche herg'falla. Großmuatt'rs Himbeerdatsche war ab'r au saumäßig guat.

Oimaul haut mi d'r B'suach mit sein'r Himbeerdatschegier so g'ärgrat, daß i ebbes a'schtella hau müassa. Dös haut mir anscheinend a guat'r Geischt, wahrscheinlich d'r Himbeergeischt, ei'geaba.

An deam Dag haut d' Großmuatt'r da frischa Himbeerdatsche zom Auskühla in d' Wäschkuche neig'schtellt. Dös hau i g'seah ond daubei isch mir nau der Gedanke komma. Oi Tür von d'r Wäschkuche gaut ins Freie, in da Hennahof naus. Dau bin i nau herganga ond hau dia Tür, dia in da Hennahof nausgaut, soweit aufg'macht, daß dau a Henn guat durchkommt. Ma sait all, d' Henna seiat domm. O ha! Der Duft von deam frischa Himbeerdatsche haut d' Henna so a'zoga, daß in kürzescht'r Zeit alle neun Henna in d'r Wäschkuche denna g'west sind. Alle hand sich üb'r dean Datsche herg'macht. Sowas Frischbachanes hand dia bis dau na no it g'fressa. Sie hand vorna pickt, sie hand hinta pickt, sie hand mit de Füaß g'scherrat, wia sie es auf'm Hof dussa machat ond bald war dös alles bloß koi Himbeerdatsche meah.

An deam Mittag sind elf von zwölf Persona mit lange G'sicht'r am Disch g'sessa. D'r Oinzige, der sich üb'r d' Kartofflsupp g'frait haut, war i. I hau nämlich bevoar i d' Henna in d' Wäschkuche reig'lau hau, fascht a Drittl vom Datsche gessa. I bin doch it domm.

Weil d' Großmuatt'r zwischanei all geara nauch ihre Henna ond nauch de Oi'r guckat haut, war sie sich it sich'r, ob it sie selb'r d' Tür in da Hof naus haut offaschtanda lau. So bin i gar it in da Verdacht komma. Bloß mei G'wissa, dös haut mi druckt, ab'r it lang.

24

Mei erschtes Fahrrad

Achtzehn Jauhr war i alt, wo i mei erschtes Fahrrad
auf Abzahlung kauft hau. Hond'rtzwanzig Mark haut es
koschtat ond weil i im Monat bloß zeha Mark verdient hau,
hau i zwölf Monat lang mei ganzes Einkomma zom Fahr-
radhändl'r traga. Wia es nau endlich zahlt war, hau i mit
mein'r Freindin a Radtour g'macht. Weil i dortmauls koi
Geld g'hett hau, om mit ihr ei'zomkehra, hau i d' Brotzeit
von dauhoim mitbraucht. A Paar Landjäg'r, zwoi nasse
Wecka ond für da Durscht a Fläsch Hold'rschprudl.

Wia es nau soweit war, daß es Zeit war, a kloina Brotzeit zom macha, hau i zua mein'r Freindin g'sait: „Was moischt Leni, wia wär's mit ma Picknick?" Dau isch sie fui'rroat woara ond haut ganz verschämt zua mir g'sait: „Woischt Martin! i dät scha ganz geara voarher ebbes essa."

Wenn i it so saudomm g'west wär, nau hätt i an deam Dag Ebbes lerna könna, ab'r so hau i bloß guckat, daß i möglichscht schnell mit ihr aus'm Wald nauskomma bin. War iatzt dös domm od'r anschtändig? Heit muaß i saga, dös war saudomm von mir.

Dös isch so a Sach mit'm Traua. I woiß nomma wia alt i daumauls war, ab'r alt g'nua, dau hau i mit r'r andara Freindin au a Radtour g'macht. Bloß mit deam Ont'r-schied, daß mir dau a paarmaul üb'rnachta hättat müaßa. Mei Muatt'r, dia mi üb'rhaupt it aufklärt haut, haut zua mir bloß g'sait: „Du wirscht es scha selb'r wissa, was du zom doa hauscht." Ond nau sind mir zwoi losg'fahra. In Wertach hand mir zom erschta maul üb'rnachtat. Ge-trennt natürlich. Sie isch auf ihrem Zimm'r g'weah ond haut g'horcht ond g'horcht, ob der domme Siach it bald kommt, denn zua ihr haut ihra Muatt'r g'sait: „Wenn was passiert, nau muaß er dich halt heirata." Ond i bin auf meim Zimm'r g'weah ond hau oin Liegestütz nauch'm an-dara g'macht, daumit i auf koine domme Gedanka ond au it in Versuchung komm. In der Nacht haut koines von ons zwoi guat g'schlaufa.

Zom guata Glück isch am nägschta Dag 's Wett'r so schlecht woara, daß mir ons entschlossa hand, hoimzom-fahra. Mir war es recht, denn no a'maul soviel Liegestütz hätt i doch it macha wolla.

Waurom i a'maul in mein'r Lehrzeit en Monat lang omasonscht schaffa hau müassa

In mein'r Lehrzeit hau i jeden Dag, moischtens nauch Fei'raubad ond an de Samsdag nachmittags sowieso, d' Poscht an d' Kunden austraga müassa. Dortmauls hätt 's Porto für en Ortsbriaf ganze zeha Pfennig koschtat, ab'r i bin natürlich wesentlich billig'r komma. Mei Chef haut dös ganz genau ausg'rechnat g'hett. A Geschäftsfahrrad hau i au it abnutza, beziehungsweise hi'macha könna, weil i, weil gar koins dau war, mit meim oigana Fahrrad fahra hau müassa.

Mit 18 Jauhr, so alt war i im erschta Lehrjauhr, war i in deam Alt'r, wo i it bloß a leidenschaftlich'r Sportl'r war, dau hau i au scha d' Mädla geara g'seah. Ond dau hau i a'maul am ma wund'rscheana Somm'rsamstagnachmittag soviel Briaf zom austraga g'hett, daß mir für mei Mädle üb'rhaupt koi Zeit übrigblieba wär, ond i wollt doch mit ihr in da Wald nausganga ond Stoipilz suacha. Stoipilz desweaga, weil ma dau om dia zom finda, ganz weit ins Dickicht neischlupfa muaß.

Angesichts von deam Pack Briaf, es warat genau 34 Stuck, dia i austraga hätt solla, hau i doch so a Wuat kriagt, daß i herganga bin ond alle Briaf unfrankiert in da nägschta Briafkaschta neig'worfa hau.

Was daudrauf alles passiert isch, dös isch soviel, daß is it v'rzähla ka ond auß'rdeam isch dös a Bankgeheimnis.

Stoipilz hand mir koine g'fonda, es war ab'r au ohne

Stoipilz a wund'rschean'r Nachmittag. Der war so schea, daß i no a'maul alle Briaf unfrankiert neiwerfa dät. Bloß dean Dag, wo es aufkomma isch, mächt i it no a'maul erleaba, denn dau isch es saumäßig zuaganga. Dau haut mei Chef tobt. Der isch nia „jung" g'weah.

's Porto für dia 34 Brief, einschließlich em Schtraufporto, alles mitanand'r genau zeha Mark, hau i zahla müassa. Weil i im Monat bloß zeha Mark Gehalt g'hett hau, hau i nach Adam Riese, en ganza Monat omasonscht g'schaffat. Außerdeam hau i zua jedem von deane betroffane Kunden naganga ond mi entschuldiga müassa. Dös natürlich au nauch Fei'raubad.

A paar von deana Kunden hand von mir wissa wolla, waurom i dös mit de Briaf so g'macht häb. Dau hau i mi nau so nausg'redat, daß i meim Chef, weil der d' Stoipilz so gera ma, oine bringa hau wolla ond daß es, wenn i voarher alle Briaf austraga hätt, Nacht woara wär, bis i in da Wald nauskomma wär. Zwoi von deane Kunden hand von mir verlangt, i soll na au so fünf bis zeha Pfond Stoipilz bringa. Auf dia Stoipilz wartat dia no heit.

Om ganz ehrlich zom sei, i hätt meim Chef anschtatt Stoipilz viel liab'r Fluigapilz g'schenkt, weil der allaweil so nett zua mir war.

's Spielzeug-Auto

Wia halt d' Großvät'r manchmaul so sind. D'r Großvat'r haut seim Enkale, weil der daudrauf ganz narrat isch, zwoi Dutzat so ganz kloine Spielzeug-Auto kauft. D'r Bua haut a Mordsfraid daumit g'hett ond haut schtundalang daumit g'schpielt. Ma haut da Großvat'r für sein Einfall von alle Seita g'lobat.

Weil ab'r die kloine Kind'r alles in da Mund nehma müaßat, haut d'r Bua oines von deane Autos in da Mund g'nomma ond pfeilgrad verschluckt. Daudrüb'r war a Mordsaufregung ond alles isch üb'r da Großvat'r her g'falla, er haut müaßa schuld sei.

Ma isch mit'm Bua glei zom Dokt'r g'fahra. Der haut g'moint, so Ebbes kommt scha manchmaul voar ond er haut g'sait, sie sollat em Büable in de nägschte Däg viel Weiches, a Griaßmuas, en Kartoffelbrei, halt Ebbes wo weich abführt, zom Essa geah, nau käm dös Auto von selb'r meah hinta raus.

Dös hand d' Eltra au g'macht ond wia nau am zwoita Dag 's Büable dringend müassa haut, haut mas schnell auf's Häfale g'setzt ond bald d'rauf haut es freudeschtrahlend verkündet: „Mama! mei Auto kommt." „Hoffentlich" haut d' Mama g'sait, „ab'r woher willscht du dös wissa?". „Weil es bei mir scha zwoimaul g'hupt haut" – haut 's Büable g'sait.

Ernste Absichten

Eines Tages lauft ma an a Mädle na, wo ma nau schpürt, daß dös dia isch, auf dia ma scha allaweil g'wartat haut. Ma probiert a Annäherung, so wia es scha oftmauls klappt haut, doch dösmaul isch es and'rscht, sie fällt it drauf rei. Innerlich schtinkt dös oim, weil ma bisher no nia abblitzt isch. Ma probiert es schriftlich. Ma bringt es raus, wo sie wohnt ond daß sie mit'm Voarnama Erika hoißt. Ma schreibt ihr en höflicha Briaf, der so lautat:

Sehr geehrtes Fräulein Erika!
Bitte verzeihen Sie mir meine Aufdringlichkeit, aber nach dem Sie mir bisher keine Gelegenheit gaben, Ihnen zu sagen, daß Sie mir gefallen und daß ich wirklich ernste Absichten habe, versuche ich es auf diesem Wege. Für den Fall, daß ich Ihnen nicht ganz gleichgültig bin, bitte ich Sie um ein paar Zeilen, wann und wo wir uns treffen können, um uns darüber zu unterhalten, wie es mit uns weitergehen soll.
Ich bin 30 Jahre alt, 1,82 m groß, katholisch und von Beruf Forstbeamter.
Mit freundlichen Grüßen
Ihr Manfred Hofmann

Es war am ma Sonntag, wo er dean Briaf g'schrieba ond anschließend in ihren Briafkaschta neidoa haut. Am Montag haut natürlich no koi Antwort dau sei könna. Am Dienstag vielleicht. Wia ab'r am Mittwoch ond am Donnerstag wied'r nix komma isch, war er schwer enttäuscht. Omso greaß'r war sei Fraid, wia ihm am Freitag sei Muatt'r dean erhoffta Briaf mit der Bemerkung „was isch dös für oina, dia Dir dau schreibt?" üb'rgeaba haut. „Was schreibt se?" haut a paar Minuta schpät'r d' Muatt'r wissa wolla, ab'r er haut bloß sei Muatt'r ang'schtrahlt, denn in deam Briaf von ihr isch g'schtanda:

Sehr geehrter Herr Hofmann!
Wenn Ihnen wirklich soviel daranliegt mich kennenzulernen, am kommenden Sonntag gehe ich so gegen 15 Uhr im Stadtgarten spazieren. Versprechen Sie sich aber nicht zuviel.

Mit freundlichen Grüßen
Erika

„Ond?" haut sei Muatt'r g'fraugat. „Muatt'r!" haut er g'sait, i bin d'r glücklichschte Mensch. Dös isch die Richtige."

„O mei Bua!" haut daudrauf sei Muatt'r g'sait, „dös hau i au a'maul g'moint. Ab'r wenn du moinscht! Versprich ihr it glei 's Heirata ond bring sie it glei ins Haus."

Am Sonntag wär er am liabschta scha om Oins ganga, so haut es ihn romtrieba. „Iatzt sitz a'maul na ond schpring it rom wia a legiga Henn", haut sei Muatt'r zua ihm g'sait.

Om halba Drui haut sie ihn nomma verhebt, obwohl es bloß guate hond'rt Met'r bis zom Stadtgarta sind.

Wia er bald d'rauf meah hoimkomma isch, haut ihn sei Muatt'r bloß a'gucka braucha, nau haut sie scha alles g'wißt. Es haut sich nau zwischa d'r Muatt'r ond em Sohn folgendes Zwiegespräch ergeaba:

Mutter: Isch sie it komma?
Sohn: Komma scha.
Mutter: Ond? Schwätz doch.
Sohn: It alloi.
Mutter: Was it alloi?
Sohn: Sie isch it alloi komma.
Mutter: Mit weam nau?
Sohn: Mit ihrem Mah isch sie komma.
Mutter: So a Luad'r!
Sohn: Ond was moinscht, wer der ihra Mah isch?
Mutter: Dös muascht scha Du mir saga, i war ja it d'rbei.
Sohn: Mei nui'r Vorgesetzt'r, der morga sein Dienscht a'fangt.
Mutter: Hauscht du dös it g'wißt, daß dös deam sei Frau isch?
Sohn: Voarher it, iatzt woiß i's.
Mutter: Der muaß ja en netta Eindruck von dir hau.
Sohn: It a'maul. Er haut g'sait, er frai sich auf sei neues Forschtamt, wo seine Förscht'r sölche kapitale Böck schiaßat.
Mutter: O mei Bua! Du bleib na bei dein'r Muatt'r, dau bischt du weanigschtens richtig.

Werte Kurverwaltung

D' Huab'r Senzl, geboarane Häfele, a Beinahsiebzigerin, haut in ihrem Leaba zom erschta Maul a Erholungskur genehmigt kriagt. In deam Briaf an sie isch onter anderem g'schtanda, daß sie am 1. März eitreffa muaß.

„Dös isch günschtig", haut sie zua ihrem Mah g'sait, „dau isch im Garta no nix los, dau braucht ma sich om d' Bloma im Kell'r donta no it kümmra ond dau isch es doch scha so warm, daß ma im Kell'r 's Fenscht'r offaschtanda lau ka, daumit d'r Igor in d'r Nacht naus- ond reika." Mit'm Igor isch d'r Katzabaule g'moint.

Nauchdeam ab'r im Monat Dezemb'r ond da ganza Januar üb'rhaupt koi Schnea g'falla isch ond es au nia so richtig kalt woara isch, haut sie sich plötzlich Sorga g'macht. Weanig'r om da Mah, als wia om da Igor. Sie haut sich üb'rlegt, wenn es so wird, wia im vergangana Jauhr, wo erscht ab Mitte Februar ond nau da ganze März d'r Schnea ond d' Kälte komma sind, nau ka i auf gar koin Fall auf Kur ganga. Wer sorgat dau für da Igor, daß der mit seine Bronchien in d'r Nacht a warmes Plätzle haut? Wer laßt dean meah rei, wenn er wied'r rei will? Auf da Mah ka i mi dau it verlassa, der härt's it, wenn d'r Igor voar sein'r Schlaufzimm'rtür miaut ond naus will. Zwecks em Fressa mach i mir koine Sorga, dös kriagt er scha, weil ja d'r Mah au essa muaß. Sie haut hin- ond herüb'rlegt ond nau isch sie zua deam Entschluß komma, ans Kurheim zom schreiba, daß sie am 1. März it komma ka. Weil sie ab'r g'wißt haut, daß a Katz koi Grund isch, d' Kur zom verschiaba ond sie au ihren Ma it vornanaschiaba ka, isch sie auf dia Idee komma, anschtatt Katz od'r Mah, bloß „Er" zom schreiba. Sie isch nau herganga ond haut folgenden Briaf ans zuaschtändige Kurheim g'schrieba. Sie haut g'schrieba:

Werte Kurverwaltung!
I bin die Senzl Huber von ... und ich soll am 1. März zu einer Erholungskur bei Ihnen eintreffen. Ich muß Ihnen leider mitteilen, daß ich aus folgenden Gründen am 1. März
nicht kommen kann.

Ich rechne stark damit, daß es im März, so wie im vergangenen Jahr, viel Schnee und Kälte haben wird. In diesem Falle muß ich unbedingt zu Hause sein, damit Er besonders in der Nacht jemanden hat, der für ihn da ist. Er muß jede Nacht mindestens einmal hinaus und wieder herein und dabei darf er sich auf keinen Fall erkälten, weil er es so mit den Bronchien hat.

Da muß ich besonders aufpassen, sonst kann es chronisch werden, sagt der Arzt.

Ich bitte um Ihr Verständnis und um Verschiebung meiner Kur; aber nicht in die Zeit, wo die Arbeit im Garten angeht. Da muß ich dann wegen dem Garten da sein. Ende September, Anfang Oktober wäre es mir am liebsten. Da braucht er mich dann nicht so sehr, weil es da auch noch wärmer ist.

Hochachtungsvoll
Senzl Huber

Auf dean Briaf haut sie folgende Antwort kriagt:

Sehr geehrte Frau Huber!
Ihren Brief haben wir erhalten. Wir nehmen an, daß Sie
mit der Bezeichnung „Er", Ihren Herrn Gemahl meinen.
Vorausgesetzt, daß Ihr Mann nicht bettlägerig ist, wäre es
sogar angebracht, ihn einmal drei Wochen allein zu lassen,
damit er einmal auf sich selbst gestellt ist. Wir haben das
Gefühl, daß Sie ihn zu sehr verwöhnen. Das mit den Bronchien bedauern wir, aber das reicht als Grund nicht aus,
die Kur zu verschieben, zumal es ja nicht sicher ist, daß es
im März schneit und kalt wird. Für das allnächtliche Hin-
ausmüssen Ihres Herrn Gemahl, empfehlen wir Ihnen, für
die Zeit Ihrer Kurabwesenheit, einen Nachtstuhl in das
Zimmer zu stellen, dann kann er sich nicht erkälten.
Wir machen Sie darauf aufmerksam, daß Sie bei den
heutigen kassenärztlichen Bestimmungen Gefahr laufen,
die Kur gestrichen zu bekommen, wenn Sie den Termin
aus nichtigen Gründen nicht einhalten.
Bitte überlegen Sie sich das gut und geben Sie uns inner-
halb einer Woche einen entgültigen Bescheid.
Mit freundlichen Grüßen
u.s.w.

„Iatzt hauscht es", haut d'r Mah zua ihr g'sait. Erscht wia
er ihr verschprocha haut, da Igor, solang sie auf Kur isch,
bei d'r Nacht zua sich ins Schlaufzimm'r rei zom nehma,
haut sie sich bereiterklärt, am 1. März doch auf Kur zom
fahra.

Wia sie von d'r Kur meah hoimkomma isch, haut er zua ihr g'sait: „Nie wied'r nimm i dean Kerle zua mir ins Schlaufzimm'r rei ond wenn du 's nägschte Maul auf Rom fährscht. Was i mit deam mitg'macht hau, dös mächt i it no a'maul erleaba. Die erschte zwoi Wucha haut er g'schnarcht ond duftat, daß i's schier it aushalta hau könna; daubei haut er mi all so voarwurfsvoll a'guckat, als wenn's i wär. In d'r dritta Wuch hau i jede Nacht aufschtanda ond ihn trotz seine Bronchien nauslassa müassa, denn dau war für ihn dia Zeit, wo es ihn romtrieba haut." Sie haut daudrauf g'sait: „Wenn es bei dir au scha arg lang her isch, daß es die romtrieba haut, so wirscht du dich an dia Zeit weanigschtens no erinnra könna."

Wia sie ihn nau g'fraugat haut, wia es ihm ohne sie ganga sei, haut er en groaßa Fehl'r g'macht, denn dau haut er schpontan g'sait: „Guat isch es mir ganga, ausnahmsweis guat. Gib na bald wied'r auf a Kur fürs nägschte Jauhr ei."

Dös haut sie ihm arg übl g'nomma. Daufür haut es in d'r Wuch a'maul a Griasmuaß, a'maul en Milchreis, a'maul en Reisauflauf geaba. Laut'r Sacha, dia er it ma. So a Luad'r!

Vat'rs Gartabank

In ons'rm, früah'r Großmuatt'rs Garta, isch jauhrzehntelang a Gartabank aus Holz g'schtanda. Dia Bank haut mei Vat'r 1930 selb'r g'macht. 1930 haut mei Großmuatt'r no g'leabt. Nauch der ihr'r Figur haut dia Bank sei müassa. It z' hoah ond guat broit. Dia Bank war so massiv, daß ma dortmauls schpaßhaft g'sait haut: „Dia Bank schtaut im Jauhr zwoitausad no." So lang haut sie doch it g'halta. 1988 isch sie wegkomma, weil sie morsch ond brüchig war.

Wenn i mir denk, wer auf dean'r Bank scha alles g'sessa isch ond wia weanig Leit von deane no leabat ond daß i oin'r von de Letzschte bin, nau könnt ma leicht ins Sinniera komma. Was in deane beinah sechzig Jauhr alles passiert isch, dös isch soviel, daß i a ganzes Buach schreiba könnt. 1930 war i fuchzehn Jauhr alt, dau hau i auf d' Bank zom sitza it viel Zeit g'hett. Dau hau i mi auf da Fei'raubad g'freit, wo i mi mit meine Freind, schpät'r nau mit de Freindinna troffa hau ond wo i voll'r Pläne ond Zukunftswünsch war. Ab 1933 sind zwölf Jauhr komma, wo ma so manch'n Wunsch begraba haut müassa. 1934 isch mei Großmuatt'r g'schtorba. I sieh sie in Gedanka heit no auf der Bank sitza; sie haut moischtens ihra Kätzle auf'm Schoaß g'hett. Mei Vat'r haut sich im Somm'r auf sei Bank kaum setza traua, denn wenn dau d'r Nauchbau'r mit'm Hei- od'r Getreide-ei'fahra viel Arbat g'hett haut, haut sich mei Vat'r im oigana Garta it seah lau derfa. Obwohl er als Finanzbeamt'r, der im ganza Landkreis die üb'rfällige Steura ei'kassiera haut müassa, mit seim Fahrrad da ganza

Dag ont'rweags war, ond in onserem Landkreis gaut es oft bergauf ond berga (bergab), war er in de Auga vom Nauchbau'r a faul'r Beamt'r, der em Herrgott da Dag schtiehlt. Wia oft haut mei Muatt'r zua ons Mannsbild'r g'sait: „Gand na grad rei, daß er ui it sieht." Od'r: „Gand na grad nom, daumit dia Fluacherei dau deana aufhärt." Rentiert haut sich dös Nomganga gar nia, denn zom Brotzeitmacha haut ma ons jedesmaul hoimg'schickt.

Es haut ab'r au wund'rscheane Aubad geaba, wenn d' Sonn so langsam ont'rganga isch ond d' Vögala ihr Aubadliad g'songa hand, od'r im Früahling, wenn d' Bäum im Garta voll'r Blüata warat, wenn ma dau mitanand'r auf d'r Bank g'sessa isch ond sich ont'rhalta haut. Am all'rschönschta war es für mi all in der Zeit, wo d' Linda blüaht hand ond wo d'r Aubadwind da Lindaduft mir zuatraga haut.

Wia mei Vat'r nau Großvat'r woara isch, isch er mit seim Enkale viel auf d'r Bank g'sessa. Er war a Rentn'r ond haut viel Zeit g'hett. Ma war na grad froah om dean Großvat'r. Mit'm zwoita Enkale isch er au viel auf sein'r Bank g'sessa, ab'r dau war er scha nomma recht g'sond. Wenn i ihn hau so sitza seah, haut er mir in meim Innerschta leid doa, denn mir andere hand om sei schwere Krankheit g'wißt.

Wenn in de Groaße Ferien Onkl ond Tante ond meine zwoi Bäsla aus Müncha auf B'suach komma sind, nau hätt dia Bank om wohl Ebbes läng'r sei derfa.

An de Marktdäg, wenn Großmuatt'rs Verwandte komma sind, war es it and'rscht. Von Zeit zu Zeit haut mei Vat'r dia Bank frisch g'schtricha. Dau haut er nau all a Täfale „frisch gestrichen" an dia Bank nag'hängt. Oi'maul hau i a Bäs auf ons'r Haus zuakomma seah, dia i, wo i no a Schualbua war, weaga ihrem Geiz dick g'hett hau. Dau hau i nau schnell dös Täfale „frisch gestrichen" verschwinda lau. Weil sich dia Bäs bei ons guat auskennt haut, isch sie it ins Haus rei'ganga, sond'rn sie isch glei in da Garta nausganga ond haut sich prüglbroit auf dia frisch g'schtrichane Bank g'setzt. Dös hau i no beobachtat, nau hau i mi schnell verdruckt.

Dia Bank, von der i v'rzählt hau, haut in deane fascht sechzig Jauhr alles mitg'macht. Freud ond Leid, Sonnaschein ond Reaga, Blüata ond Schnea; genauso wia a Mensch. Generationa sind komma ond ganga. Dia nuie Bänk, dia aus Kunststoff od'r aus Zement, machat dös alles nomma mit, denn dia hand koi Herz, so wia Vat'rs Gartabank aus Oichaholz.

Früah'r ond iatzt

Früah'r war es im Wint'r kalt, grimmig kalt. Iatzt hoißt es im Wint'r: Für die Jahreszeit zu warm.

Früah'r war es im Somm'r hoiß, saumäßig hoiß, so hoiß, daß es schier it zom Aushalta war. Iatzt hoißt es im Somm'r: Für die Jahreszeit zu kalt.

Wenn i früah'r als Schualbua am ma Marktdag fuchzig Pfennig zämabraucht hau, nau war i glückselig. Dau hau i mir moischtens füar dia fuchz'g Pfennig en warma Roßleab'rkäs kauft.

Iatzt, wo i an so ma Marktdag mindeschtens fuchzig Mark, also hond'rt maul mehr bei mir hau, gang i gar nomma auf da Markt, weil es dau koin warma Roßleab'rkäs meah geit.

Wenn es früah'r a'maul en Schoklad geaba haut, nau war entwed'r Weihnachta od'r Oascht'ra.

Iatzt, wo ma jed'n Dag a ganza Tafl essa könnt, hau i üb'rhaupt koi Verlanga d'rnauch.

Früah'r hau i als Lehrling zeha Mark im Monat verdient ond hau in d'r Wuch mindeschtens fuchzig Schtunda schaffa müassa. Von Rechten hau i dau nix g'wißt.

Iatzt fangt a Azubi, dös hoißt „Auszubildender", ont'r fünfhund'rt Mark im Monat gar nomma a ond schaffa duat er högschtens dreißig Schtunda. Üb'r seine Rechte isch er scha aufgeklärt, bevoar er üb'rhaupt a'fangt.

Früah'r haut halt mei Vat'r a Fahrrad g'hett, dös i putza hau müassa.

Iatzt isch ma kaum 18 Jauhr alt, haut ma scha a oiganes

Auto, dös d'r Vat'r zwischanei wäscht, weil er sich sonst für sein Filius schäma muaß.

Früah'r haut ma sich auf a Tageswanderung g'frait ond gar no, wenn ma 's Geld zom Ei'kehra g'hett haut.

Iatzt muaß es mit'm Flugzeug no viel weit'r ganga als wia beim Nauchbau'r, der bloß in Thailand war.

Wenn ma früah'r verliabt war, nau isch ma mit'm Mädle in da Wald nausganga, weil es dau so schea schtill war.

Iatzt gaut ma in d' Diskothek ond je laut'r es dau zuagaut, omso schean'r isch es.

Früah'r haut ma, wenn ma verliabt war, anand'r g'heirat.

Iatzt duat ma bloß so, als wenn ma verheirat wär ond gaut ausanand'r, wenn ma ananand'r g'nua haut.

Früah'r haut oin d' Noat zämag'halta, iatzt treibt oin d'r Wohlschtand ausanand'r.

Früah'r sind die wahre Künschtl'r verhungrat od'r hand zumindescht Hung'r g'litta.

Iatzt werdat sölche, dia sich als Künschtl'r fühlat ond doch koine sind, Millionär.

Früah'r hand d' Henna frei laufa ond scherra derfa. Ihr Platz zom Romlaufa war oft so groaß wia a Tennis, – od'r gar wia a Golfplatz.

Iatzt gibt es en Haufa Tennis- ond all no mehr Golfplätz, doch für d' Henna gibt es bloß no Legebatteria; daubei legat d' Tennis- od'r d' Golfspiel'r gar koine Oi'r. Wozu also soviel Platz?

Wenn früah'r mei Großmuatt'r ihren Waschdag g'hett haut, isch sie ab morgens vier Uhr in d'r Wäschkuche g'schtanda. Dau hätt sie bei der schtundalanga schwera Arbat ganz geara a'maul zwischanei a Schöpple Bier tronka, ab'r dös haut's it g'litta.

Iatzt, wo es vollautomatische Waschmaschina geit, wo ma selb'r fascht nix meah dua braucht, müaßat manche Fraua Entziehungskura macha. Dau schtimmt doch Ebbes it.

Was früah'r an so ma Waschdag so alles los war, dös muaß a'maul g'sait sei: „Wia leicht duat ma sich dau heit. Dau duat ma die dreckat Wäsch in d' Waschmaschin nei, duat a Waschpulv'r d'rzua, stellt auf soondsoviel Grad ei ond laßt es laufa. I moin, ma laßt d' Waschmaschin laufa. Wia omschtändlich warat dau onsere Müatt'ra ond Großmüatt'ra. Dia sind an so ma Waschdag in d'r Früah om Viera aufg'schtanda, hand da Waschkessl a'g'schürt, hand die eingeweichte Wäsch neidoa ond hands nau kocha lau. Die genaue Reihenfolge, wia nau alles so weit'rganga isch, soifa, bürschta, licha, woiß i it so genau. I woiß bloß, daß a Waschdag anno 1920 no a Riesenplaugerei war. Zwischanei haut d' Muatt'r no ihre fünf, sechs Kind'r wecka, füatt'ra ond für d' Kirch ond für d' Schual richta müassa. Dau isch au no koi Omnibus komma, der d' Schualkind'r mitg'nomma hät. Für da Vat'r haut d' Muatt'r au no sorga müassa, daß deam sei Laune an so ma Waschdag it ont'r Null g'sonka isch. Manchmaul hau i als Bua a bißale von d'r Waschlaug zom Soifablausa kriagt. Meine bunte Soifablausa, dia d'r Wind futtraga haut, sind alle zerplatzt; so wia schpät'r meine Jugendträum. I hau dean Kernsoifag'schmack heit no in d'r Näs ond im Mund. So wia da G'ruch von de Weihnachtskerza ond von de Oascht'roi'r. Manch'r G'ruch isch heit no so wia daumauls; bloß d'r Schweinebrauta haut nomma dean sonntäglicha G'ruch von früah'r, weil die heitige Säu da Vergleich mit de früahare Säu it aushaltat. Ma will nix Fettes meah. Von woher kommt nau bei so viele Menscha 's Üb'rg'wicht?“

Früah'r, wo ma no zom Bada en Badeanzug traga haut, warat d' Buaba ond d' Mädla ond d' Männ'r ond d' Fraua durch hoahe Bretterzäun getrennt. Dau hau i manchmaul, wenn es niemand g'seah haut, durch a Astloch entwed'r zua de Mädle, od'r zua de Fraua nomguckat.

Iatzt, wo se zom Bada gar nix meah a'hand, send alle beianand'r. Dauzua ka i bloß saga: „I bin om sechzig Jauhr zu früah zom Bada ganga."

Wünsche

Dös isch fei intressant, was ma sich, wenn ma im Alt'r so z'ruck denkt, scha alles g'wonscha haut. Meine erschte zwoi Wünsch, a elektrische Eisabah ond a Dampfmaschin, sind nia erfüllt woara ond iatzt bin i daufür z' alt. Mei nägscht'r Wonsch, daß i it in d' Schual ganga muaß, isch au it in Erfüllung ganga, so weanig wia der, wo i mir a'maul g'wunscha hau, daß nach de Weihnachtsferien d'r Lehr'r nomma kommt. Wia i ausg'lernat g'hett hau, hau i mir g'wunscha, daß i iatzt soviel verdien, daß es für en Einondzwanzigjähriga roicht, so alt war i dau nämlich. Es hät it a'maul für en Zwölfjähriga g'roicht, so schparsam, ma könnt au saga „geizig" war mei Chef.

Nau hau i mir g'wunscha, daß i a'maul groaß ond schea werd. Groaß bin i it woara, es haut bloß für en Met'r ond vierondsiebzig g'roicht, ab'r schea.

Nau isch a Zeit komma, dau wollt i entwed'r a Filmschauschpiel'r, a berühmt'r Säng'r, a Spitzensportl'r od'r a groaß'r Box'r werda. Dös mit'm Box'r war zua der Zeit, wo d'r Max Schmeling Weltmeischt'r im Schwergewicht woara isch. Zom Film wär i beinah komma, dau haut bloß no 's Geld g'fehlt. Mit'm Singa war es so, dau haut ma wirklich no singa könna müassa. It so wia heit, wo ma für dös, daß ma it singa ka, no en Haufa Geld kriagt. Wia i a'maul 's Boxa probiert hau, haut mir d'r Leichtle Sepp, aufgrund seiner längeren Reichweite, en vordara Zah rausg'schlaga ond dös drei Däg voar d'r Muschterung. Weil mir ab'r bei d'r Muschterung 's Lacha verganga isch, ma haut mi zua de

Pionier ausg'muschtrat, haut ma mei Zahluck it g'seah.

In d'r Leichtathletik haut es, weil i italienische Füaß hau, zua ma Spitzensportl'r au it ganz g'roicht. Italienische Füaß sind solche, dia om guate zeha Zentimet'r z' kurz sind.

Em Toto hau i mir en Zwölf'r g'wonscha ond wia i tatsächlich a'maul zwölf Richtige g'hett hau, hau i, wo es am Sonntag zuvoar 86.000 ond am Sonntag d'rnauch 84.000 Mark geaba haut, ganze hond'rtfünf Mark kriagt.

I könnt no viel schreiba, was i mir alles g'wunscha, ab'r nia kriagt hau; ab'r dös gaut wohl jedem gleich.

Heit hau i bloß no dean Wunsch, daß mein'r Frau d' G'sundheit ond d' Energie, anschtatt Energie könnt ma au „G'walt" saga, erhalta bleibt, denn sie sait zua allem was i in d' Hand nimm, „laß es bleiba, dös ka'scht du it, dös muaß i selb'r macha." Nau laß i es halt bleiba.

Oin ganz besondara Wunsch hätt i scha no, ab'r der wird sich it guat erfülla lau. I mächt no a'maul dean Dag erleaba, dau war i 23 Jauhr jung, wo, wia i in d'r Nacht om Zwölfa hoimganga bin, a junga, rassiga Frau auf mi g'wartat haut ond wo dia mi ei'g'lada haut, bei ihr zom Üb'rnachta, weil sie sich, weil ihra Mah auf Kur futt sei, so fürchtig fürchta däb. Wia sie in ihrem durchsichtiga Nachthemat so verlangend voar mir g'schtanda isch, sie haut a wund'rscheana Lunge g'hett, hau i Depp bloß guckat, daß i so schnell als möglich zua mein'r Muatt'r hoimkomm. Dau war i nämlich no it aufgeklärt. Dösmaul ging i zua ihr nei, dös woiß i ganz g'wiß; ab'r heit ladat mi koi so a Junga meah ei ond a Alta hau i selb'r.

Mit d'r Aufklärung war dös früah'r so a Sach. Wia i a'maul, i wer so 12 – 14 Jauhr alt g'west sei, mei Muatt'r g'fraugat hau, wo eigentlich die kloine Kind'r herkommat, haut sie g'sait: „Dau muascht scha dein Vat'r frauga, der isch daufür zuaschtändig." Wia i nau da Vat'r g'fraugat hau, haut der g'sait: „Dös laß dir na von dein'r Muatt'r saga, dös isch a Weib'rsach." Wia i nau mein Großvat'r g'fraugat hau, haut der g'sait: „O mei Büable, dös isch scha solang her, daß i's vergessa hau; vielleicht woiß es no dei Großmuatt'r." Wia i nau zur Großmuatt'r ganga bin, haut dia mi wied'r zua mein'r Muatt'r g'schickt.

So haut ma mi hin- ond herg'schickt, bis i a'maul durch Zuafall von selb'r draufkomma bin.

„Er"

Heit hau i schweren Herzens a Schtuck von mir, dös mi mehr als dreißig Jauhr in guate ond in schlechte Zeita begleitat haut, in d' Mülltonne neig'worfa. I hau mi daubei fascht a'weng g'schämt. Es war zua meim vierzigschta Geburtsdag, wo i mi mordsmäßig üb'r dös g'frait hau, was i heit wegg'worfa hau. In deane mehr als dreißig Jauhr, warat mir allaweil beianand'r. Mir hand ons so guat verschtanda, daß es zwischa ons Zwoi nia en Streit od'r a Meinungsverschiedenheit geaba haut. Mir hand ons in Freud ond Leid teilt. Wenn i nix g'hett hau, nau haut er au nix g'hett ond omkehrt. Bevoar i a Entscheidung troffa hau, hau i sein Raut eig'hollat ond der war allaweil richtig. Er haut it oft „nein" g'sait; ab'r wenn, nau haut dös „Nein" golta. Er war unbestechlich. I hau mi nia von ihm trennt ond wenn i ihn wirklich a'maul vergessa hau, nau haut mir it bloß Ebbes, nau haut mir Alles g'fehlt. In d'r Liab haut er mir it dreig'schwätzt, dau haut er mi schalta ond walta lau. Er haut sich in deane mehr als dreißig Jauhr großartig g'halta. Wenn i ihn g'schpürt hau, nau hau i g'wißt, es ka mir nix passiera. In de letzschte Jauhr haut mas ihm a'g'merkt, daß er es nomma lang macht. Dau isch er unansehnlich woara. I hau ihn bloß no hoimle, wenn es niemand g'seah haut, in d' Hand g'nomma. Er war au, wia es manchmaul bei de alte Herra d'r Fall isch, nomma ganz dicht. Ond so isch halt der Dag komma, wo i mi schweren Herzens von ihm trennt hau.

I muaß no saga, daß'n i aus d'r Mülltonne meah raus-g'hollat hau ond daß er a Plätzle kriagt haut, wo er von de früahere Zeita traima ond won i ab ond zua besuacha ond in d' Hand nehma ka.

Daß ma weaga ma alta, ausgedienta Lead'rgeldbeutl so sentimental sei ka. Ja, wenn d' Leit erscht wüßtat, was mir zwoi alles mitanand'r erlebt hand, nau dätat se and'rscht denka.

Iatzt, wo is verrauta hau, daß es bloß mei alt'r Geldbeutl isch, derf i es ruhig saga, daß er mir scha manchmaul 's Leaba schwer g'macht haut. Besond'rs nau, wenn er voll'r Kloingeld war. Dau war er oft so schwer, daß es meim Ho-sasack z' viel woara isch.

Wenn mir mei nui'r Geldbeutl, auf deam mei Monogram ME drauf isch, au solang treu bleibt ond wenn er au alla-weil soviel Geld haut, daß es roicht, nau soll er mir recht sei; ab'r dös muaß er erscht beweisa.

I hau mir voarg'nomma, mein alta Geldbeutl eines Tages mit laut'r Tausendmarkschei vollzomstopfa, daumit er als Beamtageldbeutl weanigschtens oi'maul in seim ganza Leaba dös Gefühl kennt, dös a Geldbeutl vom ma Reicha 's ganze Jauhr haut. Wo i all'rdings dia viele Tausend'r her-nimm, dös woiß i heit au no it.

Fortsetzung von mein'r 86. Hos

I hau voar a paar Jauhr a'maul ebbes üb'r meine Hosa g'schrieba ond daubei hau i feschtg'schtellt, daß es mei 86. Hos isch, mit ond in der i so g'scheit d'rherg'schwätzt hau. Alles weitere schtaut in meim erschta Buach, „Dös warat halt no Zeita" denna. Auß'rdeam hau i ausg'rechnat, daß i no vierzehn Hose kaufa muaß, daumit es genau hond'rt sind. Wenn i a jeda von deane vierzehn Hosa no zwoi Jauhr a'ziah dät, nau wär i am Schluß grad so alt als wia a Schwescht'r von mein'r Großmuatt'r, dean'r i soviel nauchschlag; dia isch 94 Jauhr alt woara. So hau i a'maul g'rechnat. Dortmauls war i grad 66 Jauhr alt. Vierzehn Hosa a zwoi Jauhr, dös sind 28 Jauhr. 66 ond 28 = 94. Daumit wär i ei'verschtanda. Ob es so naus- ond weit'rgaut, dös kommt erscht auf. Mit mein'r 87. Hos hau i scha zwoi Jauhr herg'schenkt, weil dia scha beim erschta A'ziah ond beim erschta Bucka kaputtganga isch. Dau haut es en Rätscher doa ond nau war hintarom nix meah dau. Dia Hos haut ma nomma richta könna; auß'r, ma hätt en ganza Hosaboda ei'g'setzt. I hau mir voarg'nomma, daß i nie wied'r so a billiga Hos kauf.

Meine nägschte zwoi Hosa, also die 88. ond 89., hau i in Memminga kauft. Weil mir allaweil d' Hosafüaß om wohl ebbes z' lang sind, hau i dia zwoi Hosa glei im G'schäft kürz'r macha lau. Weil i ab'r beim Messa koine Schuah a'g'hett hau, was d'r Verkäuferin it aufg'falla isch, warat dia zwoi Hosa hint'rher so kurz, daß is beim beschta Willa it a'ziah hau könna. Es warat so richtige Hochwass'rhosa.

Dia hand mi nau so g'ärgrat, daß is bei d'r nägschtga Altkleid'rsammlung naglnui mitgeaba hau. Weil i mit oin'r Hos it guat weit'rmacha hau könna, hau i bald d'rauf wied'r zwoi Hosa, mei 90. ond 91. kauft. Dia zwoi Hosa hangat heit no im Kaschta denna ond wartat auf noatige Zeita, wo i nau wied'r mei Normalfigur hau.

Auf dös na hau i mit'm Hosakaufa a zeitlang langsam'r doa, denn i ka doch meine Lebensjahre it so leichtfertig verschenka.

Zwoi weitere Hosa, mei 92. ond mei 93., dia i inzwischa kauft hau, hau i scha so strapaziert, daß mei Frau g'sait haut: „Iatzt kauf doch endlich a'maul zwoi nuie Hosa, in deane alte ka'scht du als ehemalig'r Sparkassaleit'r nomma guat ont'r d' Leit ganga. Mit deane ka'scht du bloß no in da Wald nausganga."

Inzwischa bin i iatzt 74 Jauhr alt ond es schtandat mir bloß no sieba Hosa zur Verfügung. Sieba Hosa a zwoi Jauhr, dös sind 14 Jauhr. 74 ond 14 = 88. Entwed'r muaß i in Zukunft a jeda Hos drei Jauhr lang traga, od'r i wer anschtatt 94 bloß 88 Jauhr alt. Dös wär zwar au a ganz scheanes Alt'r, ab'r halt doch koine 94. Auf jeden Fall muaß i in Zukunft auf mi ond auf meine Hosa bess'r achtgeaba.

Em Januar 1989 hau i mei 94. Hos kauft. I wollt no oina, also au no mei 95. kaufa, es war ab'r für mi koi weitere passende meah dau. I bin in mei 94. Hos neig'schlupft, also d' Hosafüaß sind au bei dean'r wied'r viel z' lang ond om da Bauch rom gaut se grad no. Dick'r derf i nomma werda; dös will i au it. Im Früahjauhr wird abg'nomma. D'r Preis von dean'r Hos war äuß'rscht günschtig. Dia Hos dät wo and'rscht 's Dopp'lte, wenn it 's Dreifache koschta. Wenn i ab'r rechne, daß mei Frau, weil dia Hos so preis-günstig war, für sich ond auf meine Koschta a Paar Schuah ond a Koschtüm samt Huat ond Däsch kauft haut, nau isch dia Hos ganz schea tui'r komma. Bei mein'r 95. Hos nimm i mei Frau nomma mit.

A Zigar zu sechzig

Mir Schwauba sind it bloß musisch veranlagt, mir hand au dia Gab', daß mir om ebbes zom saga, viel weanig'r Wört'r brauchat, als wia zom Beischpiel die Nichtschwaben.

Bloß zwoi kurze Beschpiel'r:

Der Nichtschwabe sagt: Meine Frau hat sich liften lassen. Sie ist siebzig und sieht jetzt wie fünfzig aus.

D'r Schwaub sait dau: Bei d'r Meiniga rentiert sich dös nomma.

Der Nichtschwabe sagt: Ich würde meine Frau noch ein-mal heiraten.

Dös sind sieba Wört'r.

D'r Schwaub sait dös mit ganze zwoi Wört.

Der sait: I nomma

A ganz typisch'r Fall, wia schparsam mir Schwauba mit de Wört'r omgangat, isch dia Sach mit der Zigar zu sechzig Pfennig.

Dau war a'maul a Gascht, ein Nichtschwabe, der haut bei d'r Frau Wirtin a Zigar zu sechzig bestellt; er haut se g'raucht ond haut am Schluß beim Zahla vergessa, dia mit-zombezahla. D'r Wirtin isch dös beim Kassiera au it auf-

51

g'falla. Dauhoim isch es ihm nau siadighoiß eig'falla, daß ihm dös mit der Zigar passiert isch. Am nägschta Dag isch er in all'r Früah in dia Wirtschaft neiganga ond haut wortreich zur Frau Wirtin g'sait: „Liebe verehrte Frau Wirtin! Als ich gestern abend bei ihnen einkehrte, verlangte ich von ihnen eine Zigarre zu sechzig Pfennig, die Sie mir auch brachten und die ich dann mit großem Genuß rauchte. Leider vergaß ich beim Bezahlen diese Zigarre mitzubezahlen. Sie haben meinen Fehler anscheinend auch nicht bemerkt."

Dös sind genau 53 Wört'r weaga oin'r Zigar zu sechzig. Was hätt der erscht bei r'r Zigar zua einer Mark zwanzig alles g'sait.

Wenn dia ganz gleiche Sach em ma Schwaub passiert wär, nau hätt der, wenn er üb'rhaupt ebbes g'sait hätt, beim nägschta maul g'sait:

„Marie! i muaß no mei Zigar zahla."

Ond d' Wirtin hätt daudrauf g'sait: „Ja Xaver, dia om sechzig."

Dös sind mitanand'r bloß elf Wört'r. Dös isch dös Feine an ons Schwauba, mir sagats mit Herz ond mit viel weanig'r Wört'r.

Iatzt zuwenig schwätza od'r schreiba isch au it ganz richtig. Wia i a'maul vom ma längara Spaziergang hoimkomma bin, isch von mein'r Frau a Zettl an d' Haustür nag'heftat g'weah ond auf deam isch kurz und bündig g'schtanda: „Bin auf dem Friedhof."

I hau es ja g'wißt, was sie daumit saga wollt, ab'r it dia, dia zom Sammla komma haut wolla.

I bin no it recht bei d'r Haustür denna g'weah, haut scha 's Telefon g'läutat. Z'erscht haut mir dia, dia zom Sammla

komma haut wolla kondoliert ond nau wollt sie von mir
wissa, ob i no a'maul heirata däb, was i nau für Voarschtellunga häb, wia hoach mei Rente sei ond was i zu ihr saga dät?
In deam Moment isch mei Frau zom Gartatürle rei'-
komma ond dau war es nau mit meine Voarschtellunga au
scha aus ond voarbei. Schad!
Also dia wär sowieso it in Frage komma, mit der müßt i
jeden Dag in d' Kirch ond jeda Wuch zom Beichta ganga,
ob es braucht od'r it. Bei dean'r hätt i no weanig'r zom saga
als wia iatzt.
Für dean Fall hau i mir scha a paar andere voarg'merkt;
ab'r hoffentlich kommt es nia so weit, denn es kommt bekanntlich nix Besseres nauch.

Mei Lebenslauf

Wenn i in meim Alt'r no en Lebenslauf schreiba müßt,
nau dät der wahrscheinlich so ausfalla:
Dia, dia g'sait haut: „A Prachtkerle!" dös war mei Hebamm.
Dia, dia glückselig g'sait haut: „Mei Büable!" dös war mei
Muatt'r.
Dia, die g'sait haut: „Dean richt i mir a'maul zom mit ins
Holz ganga", dös war mei Großmuatt'r.
Der, der schpät'r zua mir g'sait haut: „Beim Gebeatläuta
bischt dauhoim, sonscht ka'scht mi kennalerna", dös war
mei Vat'r.

Der, der mir Datza geaba haut, dös war mei Lieblingslehr'r.
Der, der mir da Heiliga Geischt g'schpendat haut, dös war
d'r Hochw. Herr Bischof.
Der, der mir da Geigaboga auf da Kopf g'haua haut, dös
war mei Geigalehr'r.
Dia, dia zua mir „Martl" g'sait hand, dös warat meine
Freind.
Dia, dia mir Liab ond Treue g'schwora hand, dös warat
meine Freindinna.
Der, dean i nia vergessa ka, dös war mei Chef.
Der, der g'sait haut „K v", dös war d'r Stabsarzt.
Der, der g'sait haut: „Ist es Ihr freier, ungezwungener
Wille?", dös war d'r Standesbeamte.
Der, der g'sait haut: „Bis der Tod euch scheidet", dös war
d'r Herr Pfarr'r bei d'r Trauung.
Dia, dia schüchtern „ja" g'sait haut, dös isch mei Frau.
Dia, dia iatzt allaweil sait: „Laß dös bleiba, dös ka'scht du
it, dös muaß i selb'r macha, dös isch mei Frau.
Dia, dia zua mir sait: „Ma ka Di wirklich zua nix braucha",
dös isch mei Frau.
Dia, dia zua mir „Papa" g'sait hand, dös warat meine
kloine Kind'r.
Dia, dia iatzt zua mir sagat: „Vat'r! dau kommscht du
nomma mit", dös sind meine groaße Kind'r.
Dia, dia zua mir „Opa" sait, dös isch mei oinziges Enkale.
Der, der hoffentlich a'maul sait: „Er war ein guter
Mensch", dös isch d'r Herr Pfarr'r bei meiner Beerdigung.
Ond der, der zua mir a'maul sait: „Martin! i hau dir a
Fenscht'r reserviert, von deam aus du jed'rzeit auf dei
Schwabaländle na'gucka ka'scht", dös isch d'r Herrgott.
So oifach isch dös alles.

D'r Igor

Mir hand a Katz, en wond'rscheana roata Baule. Der frait sich scha da ganza Dag auf da Aubad, weil er dau auf meim Schoaß sitza derf.

Ab Semna (sieben Uhr) guckat d'r Igor, so hoißt er nämlich, allhui auf d' Uhr ond nau mi a. Dös hoißt, ob i it bald ins Fernseahzimm'r naufgang. Wenn ja, nau schpringt er mir voaraus ond wartat auf dean Moment wo i sitz ond für ihn Zeit hau. Kaum sitz i, isch er scha auf meim Schoaß ond dau fühlt er sich so wohl, daß er aubads om Zehna no auf mir dobasitzt. Mir zwoi, d'r Igor ond i, mir hangat fescht ananand'r. Weil i am Fernseah'r koi Fernbedienung hau, muaß i dös Programm a'gucka, dös i, bevoar i mi nag'setzt hau, ei'g'schaltat hau. Wenn i aufschtand om omzomschalta, nau nimmt es mir d'r Igor übl, nau gaut er. Aus deam Grund bleib i sitza ond wenn no so a Schmarra kommt. I werd doch it meim Kätzle d' Fraid nehma. Wenn i sei Wärme g'schpür ond här, wia er voar Wohlsei schnurrat, nau verzicht i geara auf a anderes Programm. So schea ka gar koin'r reda od'r singa, als wia mei Igor schnurrat. Wenn im Fernseaha Dallas od'r d'r Denver Clan kommt, nau gaut d'r Igor ond wenn d'r L. singt, nau knurrt er sogar. Deam sei Singerei duat ihm anscheinend weah, mir au.

I woiß, daß bald dia Zeit kommt, wo d'r Igor viel ont'rweags isch ond wo er oft tagelang it frißt. I dua ihn daudrom it bloß beneida, i hau daufür als Mannsbild au volles Verschtändnis. Ma war ja au a'maul jong ond viel ont'rweags. Fressa duat er in der Zeit wia g'sait tagelang nix.

Bei mir war es grad omkehrt, i hau in der Zeit essa könna, als wenn i im Kopf it ganz recht wär. Dös Schöne isch beim Igor, er bringt nix Kloines hoim ond Alimente braucht er au koine zom zahla. Wenn es in d'r Nacht im Hof dussa mehrstimmig singt, nau dät i in meim Bett denna am liabschta mitsinga, ab'r dös derf i mir it erlauba, weil mei Kätzin neabadana für mei Singerei koi Verständnis haut. Dös isch komisch, wenn d'r Igor mit seim oina Aug, sei anderes haut er verloara, mei Frau a'guckat, nau woiß dia sofort was er will. Iatzt i ka mei Frau mit meine zwoi Auga no so liab a'gucka, bei mir woiß sie nia was i geara hätt.

's All'rnuischtes isch dös. Mir warat voar a paar Wucha mit'm Igor beim Tierarzt. Der haut feschtg'schtellt, daß er Fläah (Flöhe) haut. Om dia loszomwerda haut d'r Tierarzt ihm a Spezialhalsband omg'hängt, in deam a Pulv'r denna isch, dös d' Fläah vertreibt. Dös haut fei g'holfa, d'r Igor isch iatzt ganz ohne Fläah, doch iatzt muaß i dös Spezialhalsband traga.

Greane Krapfa

Was richtige greane Krapfa sind, dös ka ma it erklära, dia muaß ma essa. Irgendwo hau i a'maul von de greane Krapfa g'schwätzt ond hau zugleich bedaurat, daß mei Frau dia it geara macht. Bald drauf haut mi ebb'r zua de greane Krapfa ei'g'lada. I hau mi daudrüb'r so richtig g'frait. Es warat greane Krapfa ond sie warat it a'maul schlecht, ab'r it dia, wia is in Erinnerung hau. In deane greane Krapfa, die mei Muatt'r früah'r g'macht haut, warat Schnattra ond richtige Rauchfleischbröckla denna; ab'r grad 's Rauchfleisch haut in deane Einladungskrapfa g'fehlt. Anschtelle von Rauchfleischbröckla warat Leab'rkäsbröckla denna. Dös isch fascht a Entweihung. I haus trotzdeam üb'r da greane Klee g'lobat; dös verlangt scha d'r A'schtand.

Wia mei Frau a'maul auf Kur futt war, haut dia, daumit i koine Dommheita macha ka, mei Schwescht'r vertreta – ond dau send mir a'maul auf die greane Krapfa zom schprecha komma. Sie selb'r ma dia au geara ond bei ihr dauhoim muaß sie dia öft'rs macha.

Sie haut mir aufgeaba, i soll 300 Gramm gekochtes Rauchfleisch ond fünf altbachane Wecka hoimbringa. D' Schnatt'ra, dia in d' Krapfa nei'kommat, hand mir im Garta. Am Aubad send mir ins Bett ganga, getrennt natürlich ond a jedes haut sich auf dia morgige greane Krapfa g'frait. 's Rauchfleisch isch im Papier eig'wicklat auf'm Kuchekaschta g'leaga. Beide hand mir es vergessa, 's Rauchfleisch in da Küahlschrank nei zom doa. Ons'r Baule Igor isch, wia mir ins Bett ganga sind, auf'm Kanapee g'leaga ond haut ganz diaf g'schlaufa. I hau ihm extra d' Kell'rtür aufg'macht, daumit er in d'r Nacht nauska. Mei Frau haut, bevoar sie g'fahra isch, zua mir no g'sait: „Paß mir auf da Igor auf, daumit er nauska wenn er naus will ond dua ihn au guat fuatt'ra." Om mi selb'r haut sie sich weanig'r Sorga g'macht. In d'r Nacht voar de greane Krapfa hau i wund'rbar g'schlaufa. In d'r Früah hau i plötzlich üb'r mir en Rompl'r g'härt, an deam i aufg'wachat bin. I hau mir denkt, dös isch mei Schwescht'r, dia aus'm Bett rausg'falla isch. Sie wars ab'r it.

Wia d' Schwescht'r als Erschte aufg'schtanda isch, haut sie dia Bescherung g'seah. Dau isch nämlich vom Rauchfleisch bis auf en kloina Rescht, fascht nix meah dau g'weah. D'r Igor isch, wia der in d'r Früah naus haut müassa, it glei bei d'r Kell'rtür naus. Er isch zuvoar no in d' Kuche neiganga ond haut guckat, ob für ihn it ebbes Eßbares dauschtaut. Ond dau muaß ihm d'r Duft vom Rauchfleisch in d' Näs komma sei.

Der Plomps, dean i g'härt hau, isch it von mein'r Schwescht'r, sond'rn vom Rauchfleisch komma, dös d'r Igor vom Kuchekaschta oba, auf da Fuaßboda rag'worfa ond nau g'fressa haut. So muaß es g'weah sei. Was er vom Rauchfleisch übrigglau haut, haut natürlich füar de greane Krapfa nomma g'roicht. Mei Schwescht'r haut g'sait, solang sie no dau isch, macht sie ganz g'wiß no dia echte greane Krapfa. Dau kommt nau am Aubad 's Rauchfleisch in da Küahlschrank nei, d'r Igor kommt naus ond d' Kell'rtür wird zuag'macht.

I hau inzwischa richtigschtella müassa, daß es gar it d'r Igor war, der 's Rauchfleisch g'fressa haut. Es war a

Mard'r, der, weil in d'r Nacht 's Kell'rfenscht'r ond d' Tür in d' Wohnung rauf offa war, ohne weiteres in d' Kuche reikennt haut. In onserer Gegend, so näh am Wald, haltat sich no mehr so Viech'r auf.

In d'r nägschta Nacht nauch deam Rauchfleischraub, isch es plötzlich in d'r Kuche so laut zuaganga, daß i schnell aufg'schtanda bin ond nauchguckat hau, was dau los isch. Ond dau hau i nau g'seah, daß ons'r Igor ganz verbissa mit ma Mard'r kämpft, der sich anscheinend da Rescht vom Rauchfleisch hola haut wolla.

An deam Dag, wo mei Schwescht'r greane Krapfa mit Rauchfleischbröckla denna g'macht haut, haut d'r Igor als Belohnung daß er so tapf'r ond unschuldig war, zwoi frische Krapfa kriagt, dia er samt de Schnatt'ra mit Butza ond Stiel gessa haut.

Die Reihenfolge

I hau a'maul dös folgende Gespräch zwischa zwoi alte Freind mitang'härt:

Schtell dir voar, haut d'r oine zom andara g'sait, i hau a'maul a Reihenfolge aufg'schtellt, an wiavielt'r Schtelle i bei mein'r Frau komm. I schtand bei mein'r Frau heit no an erscht'r Schtell ond dös no nauch 45jährig'r Ehe. Reschpekt haut der andere g'sait, dau graturlier i dir. I bin au a'maul an erscht'r Schtelle g'schtanda, ab'r it lang. Wia bei ons 's erschte Kind komma isch, bin i, was ganz natürlich isch, an die dritte Schtelle abg'rutscht. Au dös find i normal. Wia mir en Hund herdoa hand, haut es gar it lang daurat, nau war i an viert'r Schtelle, dau isch d'r Hund au scha voar mir komma. Wenn i mi daugega aufgregt hau, haut mei Frau g'sait: „Iatzt sei na grad so guat, du wirscht doch it auf da Hund eif'rsüchtig sei. Dös isch doch a ganz andere Liab. Der ka's it saga wenn er ebbes will, ab'r Du. Der ka bloß mit de Auga ond mit seim Schwanz reda." Dös ka i au – mit de Auga reda, ab'r dös haut bei mir koin Wert. Dau ka es högschtens no passiera, daß sie zua mir sait: „Was guckescht du mi so domm a?"

1977 hand mir a Haus mit ma groaßa Garta kauft. Von dau ab isch es mit mir rapid abwärts ganga. Dau bin i von d'r vierta Schtell auf die siebte ab'grutscht. Dau send 's Haus, d'r Garta ond d' Bloma au no voar mir komma. Seitdeam hau i öft'rs hära müassa, daß sie anschtatt mir, en Gärtn'r hätt heirata solla, nau hätt sie weanigschtens a Hilf, während i ihr bloß em Weag romschtand. Wia sie nau zwecks de Mäus zwoi Katza herdoa haut, send au dia no

voar mir komma. Ond dös sogar wia. So hau i mi plötzlich
auf Platz zehn wied'rg'funda. Wia i a Großvat'r ond sie a
Großmuatt'r woara isch, isch natürlich ons'r Enkale nauch
onsere zwoi Kind'r an die dritte Schtelle komma ond mi
haut es von Platz zehn auf Platz elf verdrängt. Eines Tages
haut mei Frau im Garta en Teich, heit sait ma dauzua „Bio-
top" g'wöllt ond au kriagt. Wia sich nau bald zwoi Frösch
eig'fonda hand, bin i auf Platz dreizehn g'landat. Dös hau
i om des Friedens Willens alles üb'r mi erganga lau. Wia sie
ab'r dia Däg g'sait haut, daß sie zwecks de frische Oi'r no
sechs Henna herdoa will, bin i narrat woara, denn dia kämat it bloß au no voar mir, für dia müßt i, wia i mei Frau
kenn, au no da Gockl macha.

Sieben und acht ist fünfzehn

Siebzig Jauhr lang hau i sieba Bäsla ond koin oinziga Vett'r g'hett. Mir Schwauba sagat „Base" anschtatt Kusine ond „Vetter" anschtatt Kusin. Von deane sieba Bäsla haut a jeda oin Vett'r g'hett ond zwar mi. I hau es all bedaurat, daß i bloß Bäsla ond koin Vett'r hau, obwohl Bäsla au ganz nett sei könnat. Oina von deane sieba haut mir, wo i no arg jong ond domm war, 's Kussa g'lernat. Dös war fei gar it so leicht ond i hau dös oft probiera ond üba müassa, bis sie mit mir z'frieda war. Dös Bäsle hau i von meine sieba Goißa natürlich am liabschta g'hett.

Nauch siebzig Jauhr ruaft mi doch eines Tages a Frau aus Tannheim a ond fraugat mi, ob i der Martin Egg sei, der Theat'rschtückla schreibt. I hau g'sait: „Ja der bin i." Ond nau haut sie von mir wissa wolla, ob i in Krumbach geboara sei ond ob mei Vat'r Gabriel g'hoißa häb ond ob der in Breitenbrunn geboara sei. I hau g'sait: „Ja so isch es." Nau bin i ihra Kusine", haut dia Frau am Telefon zua mir g'sait. Momentan haut es mir d' Schtimm verschlaga, weil ma auf deam Gebiet voarsichtig sei muaß. Am Schluß ruaft mi no oina a ond behauptat, daß i ihra Vat'r sei. I wollt natürlich von ihr wissa, wia sie saga ka, sie sei mei Bäsle. Dau haut sie mir nau v'rzählt, daß ihra Muatt'r d' Schwescht'r von meim Vat'r g'weasa sei ond somit sei sie mei Kusine. Daß mei Vat'r a Schwescht'r g'hett haut, dös hau i zwar g'wißt, i hau ab'r dia Tante in meim ganza Leaba it g'seah. Waurom it? dös ka i it saga. Weil Basa ond Vett'r it „sie" zuanand'r sagat, hau i glei auf „du" omg'schaltat ond dau haut sie g'sait, daß sie Dorle hoißt. Dora haut au a Schwescht'r von mir g'hoißa. I woiß it, ab'r i muaß saga, daß i von deam Dorle am Telefon auf Anhieb begeischtrat war. Dau isch a Funka üb'rg'schprunga, der glei zündat haut.

Mir hand am Telefon ausg'macht, daß sie mit ihrem Mah möglichscht bald auf Ottobeira kommt, daumit ma anand'r kennalerna ka. Eines Tages isch sie mit ihrem Franz komma. A Paar, dös ma auf Anhieb möga haut müassa. Omkehrt sei es au so g'weah. Bei onserem erschta Beianand'rsitza hau i von ihr erfahra, daß ihra Muatt'r it bloß sie, sond'rn im ganza acht Kind'r g'hett haut ond zwar sechs Buaba ond zwoi Mädla. Oi Bua isch g'falla ond oi Mädle isch g'schtorba. I hau mi wia a kloin'r König g'frait, daß i iatzt au ond zwar glei fünf Vett'r hau. Von meine insgesamt fuchzehn Vett'r ond Bäsla, leabat heit no genau zwölf. A Dutzat Vett'r ond Bäsla, ond dös mit siebzig Jauhr. Ma sait: „Viele Vett'r, viele Lompa", ab'r in deam Fall schtimmt dös it. I kenn zwar von deane no it alle, ab'r dia wo i kenn, dia g'fallat mir.

Abschließend ka i saga, es gibt Sacha, üb'r dia ma sich au no nauch mehr als siebzig Jauhr von Herza freia ka ond wenn es sich nau no oms oigane Bluat handlat, nau isch d' Fraid dopplat groaß.

Waurom i mi „Egg" schreib

Dös isch ganz oifach, weil sich mei Vat'r, mei Großvat'r, mei Urgroß-Muatt'r ond mei Ur-Ur-Großvat'r au Egg g'schrieba hand. Eigentlich müßt i mi Aubele schreiba ond dös aus folgendem Grund:

Der Michael Aubele, Baderknecht, haut sich anno 1854 in a Mädle namens Walburga Egg verguckat. Was der ihr alles versprocha haut, dös ka i heit nomma feschtschtella. Auf jeden Fall haut dia von ihm 1855 en Bua, mein schpätara Großvat'r, auf d' Welt braucht. Ma haut dean Bua, weil er von ledig war, auf dean Nama daufa müassa, dean d'r Herr Pfarr'r für ihn rausg'suacht haut. Ma haut ihm da Nama Ignaz geaba. Dau isch er no guat wegkomma.

Der Ignaz haut am 22. Juli 1878 a Viktoria Aichmann g'heirat ond aus dean'r Ehe schtammt mei Vat'r. Wenn also der Michael Aubele mei Großmuatt'r Walburga it sitzalau, sond'rn g'heirat hätt, nau dät i mi Aubele schreiba. Der scheane Herr haut sich so verdruckt, daß i trotz alle Nauchforschunga heit no it woiß, wann der geboara isch ond waurom er mei Urgroßmuatt'r it g'heirat haut. Nauchdeam aus dean'r Zeit au koine Leit meah leabat, dia ma frauga könnt, werd i nia ebbes Näheres üb'r ihn erfahra. Waurom mei Urgroßmuatt'r ledig blieba isch, dös ka i sie au nomma frauga. Der haut anscheinend dös oine Mannsbild g'roicht.

Auf mein'r Ahnentafl bleibt also der Platz für dia Nama „Aubele" auf ewig frei. Dös ärgrat mi, weil i sonscht alle andere Angaba bis 1612 z'ruck hau.

Dös woiß i g'wiß, wenn mir der Michael Aubele im Jenseits üb'r da Weag lauft, beziehungsweise schwebt, nau ka er sich auf was g'faßt macha. Nau nimm i ihn solang in da Schwitzkaschta bis er beichtat. Dös bin i mein'r Urgroßmuatt'r schuldig. Ab'r wia i mein Vat'r kenn, haut der dös für mir scha erledigt, denn der hätt dia Angabe üb'r sein Großvat'r Michael Aubele, scha 1933 für sei arische Abschtammung braucht.

Es war a Geischt

I hau heit Nacht en ganz g'schpässiga Traum g'hett, haut mei Freind zua mir g'sait ond nau haut er mir sein Traum v'rzählt.

„Mir, mei Marie ond i, sind am Aubad so richtig zufrieda im kloina Schtüble beianand'r g'sessa, dau isch plötzlich ebb'r zur Zimm'rtür reikomma. D' Haustür war zuag'schlossa, es haut niemand g'läutat ond mir hand au niemand reig'lassa. Derjenige war mehr a Geischt als wia a Mensch. Mir zwoi Alte sind it a'maul verschrocka, es isch ebbes Beruhigendes von deam ausganga. Ond nau naut er zua ons g'sait:

„Er soll ausrichta, daß oins von ons Zwoi zeha Jauhr läng'r leaba derf als wia d'r Andere. Wer dös von ons sei soll, dös sollat mir selb'r entscheida. Er komm in r'r halba Schtund wied'r voarbei ond nimmt nau onsere Entscheidung mit."

Dau isch es ons nau klar woara, daß dös a Geischt aus'm Jenseits isch.

Zeha Jauhr läng'r leaba als wia d'r Andere, dös will guat üb'rlegt sei. Dös isch a einmaliges Angebot. Wia i ab'r üb'rlegt hau, wia hilflos i ohne mei Frau bin ond wär, i ka it wascha, i ka it bügla, i hau koi G'schpür für da Garta ond für d' Bloma, i ka it a'maul meine Medikamente so ei'- nehma wia se verordnet sind, 's Kocha dät mir zwar a Fraid macha, ab'r dös isch au alles. I fühl mi au no it so, daß i in a Alt'rsheim gang. I müßt halt no a'maul heirata, nau lie- ßat sich dia zeha Jauhr scha aushalta. Ob i ab'r wied'r so oina kriaga dät als wia mei Marie, dös isch it bloß a groaßa Fraug, dös wär a no greaßeres Risiko. So wia ma iatzt für mi sorgat, dös gibt's it no a'maul. Ob die andere Frau au all saga dät, „laß dös bleiba, dös muaß i selb'r macha", dös käm erscht auf. Ma ka mi it a'maul zom Ei'kaufa schicka, weil i dau all viel mehr hoimbring, als was mir mei Frau a'g'schaffat od'r aufg'schrieba haut. Ond nau bring i all no Sacha hoim, dia mir gar it braucha könnat. Erscht kürzlich hau i drei Paket Pämpers hoimbraucht, weil dia im Sond'r- angebot so preisgünschtig warat. Was duat mei Frau mit Pämpers? Iatzt muaß halt i dia abtraga. A' Wuch zuvoar hau i a'maul 24 Joghurt auf oi'maul hoimbracht, weil dia so billig warat. Billig warat se bloß deswega, weil 's Verfall- datum scha am nägschta Dag war. Dau hau i nau drei Däg lang morgens, mittags ond abends en Joghurt g'löfflat. Mei Frau laßt nix hi weara. Dau isch es wirklich bess'r, wenn mei Frau alles selb'r macht. Daugega isch eigentlich gar nix ei'zomwenda. Sie duat tapeziera, sie duat Holzdecka naufmacha, sie duat fliaßa, gipsa, maura, sie duat Teppich- böda lega, sie ka ond duat oifach alles. Ob dös a Andara au ka ond au macha dät, dös käm erscht auf. 's Oinzige was i ka ond was i doa derf, dös isch 's Rasamäha ond im Wint'r Schnea schippa ond fürs Holz ond für d' Kohla sorga. Wenn i ebbes auß'r mein'r Kompetenz mach, nau hoißt es glei: „Laß es bleiba, dös ka'scht du it." I ka koin Nagl richtig neischlaga, alles macht mei Marie. Ehrlich g'sait, was dät i mit so oin'r, dia bloß d' Madam schpielt ond a'schaffa dät. Am Schluß dät i mir no a Junga aussuacha, mit der i in d'r Wuch drei maul in a Diskothek zom Danza ond jed'n Sonntag, weil sie it kocha ka, zom Essa ganga müßt.

I moin, i werd saga, daß i zu Gunsten von mein'r Marie auf dia zeha Jauhr verzicht. Vielleicht leabat mir so no a paar Jährla mitanand'r, nau wär i au z'frieda."

Mei Frau haut sich natürlich au ihre Gedanka g'macht. Dia haut sich denkt: „Was dät der Mah ohne mi? Der dät beas dauschtanda. Der duft glei in a Alt'rsheim ganga, od'r no a'maul heirata. Ab'r dau die Richtige finda. So wia i da Meiniga kenn, dät der an die All'rmindeschte na'langa. Oina, wo bloß aufs Haus ond auf sei Rente schpekuliert. Am End dät er gar no a Junga nehma, dia ihn mit ihre Sexschpiele hi'macht; wo i ihn auf deam Gebiet so g'schonat hau. Dau dät scha leicht'r i dia zeha Jauhr läng'r leaba, denn i ka mir weanigschtens helfa. Wenn es am A'fang ohne ihn au schwer wär, mit d'r Zeit dät ma sich daudra g'wöhna. Heirata dät i ganz g'wiß nomma, dau haut mir der Oine g'roicht. I moin, i nimm dös schwere Los mit deane zeha Jauhr läng'r leaba auf mi, nau woiß i weanigschtens, daß mei Xaver guat versorgat isch."

„Ond wia isch es nau nausganga?" hau i mein Freind Xaver g'fraugat. „Dös ka i dir it saga", haut der mir g'antwortat, „weil i, bevoar der Geischt wied'r komma isch, aufg'wachat bin."

Zwoi'rloi Holz

Iatzt isch wied'r dia Zeit, wo ma a warmes Stüble will.
Daumit es warm isch, muaß ma hoiza. I hau in meim Stüble en Kachlofa ond dau brauch i a Holz zom Hoiza. Bis ma a Holz verhoiza ka, sind viele Arbeitsgänge notwendig.
Z'erscht gang i in da Wald ond guck, ob dau irgendwo a Holz romliegt, od'r ebbes Dürres romschtaut.
Wenn i ebbes Passendes g'fonda hau, nau trag i dös hoim.
Dauhoim dua i dös auf Met'rstückla mit d'r Hand säga ond stapla.
Im nägschta Früahjauhr dua i 's gestapelte Holz mit d'r Kreissäg auf zwanzig Zentimet'r Stückla säga.
Nau dua i 's dicke scheita ond nau alles mitanand'r beiga.
Nau bleibt es solang im Freia schtanda, bis es trocka isch.
Nau dua i dia Holzbeiga abtraga ond dua 's Holz in d' Holzhütte nei ond dau dua i's wied'r aufbeiga.
Von dau aus trag i's, wenn ma's braucht, in da Kell'r ond füll daumit a groaßa Kischt.
Von der Kischt hollat mei Frau jeden Dag soviel Holz, wia sie für da Kachlofa braucht.
Nau duat sie da Kachlofa zom Hoiza herrichta.
Wenn i a Glück hau, nau derf i a'zünda.
Wenn d' Kischt im Kell'r leer isch, nau füll i dia wied'r.
So vergaut d'r Wint'r ond so vergaut d' Zeit.
Im Leaba isch es it viel and'rscht.
Z'erscht kommt ma auf d' Welt.
Nau muaß ma grauta ond wachsa.
Nau muaß ma in d' Schual ond fürs Leaba lerna.
Nauch d'r Schual kommt ma in d' Lehr ond muaß gucka, daß ma Ebbes wird.

Nau kommt ma zom Militär. Hoffentlich ganz in d'r Nähe, daumit ma jed'n Aubad hoimfahra ka.

Nauch'm Militär braucht ma a guata Schtell, wo ma au ebbes verdient.

Nau guckat ma om ma Mädle, dös zua oim paßt.

Nau wird standesgemäß g'heirat.

Weil 's Mädle Ebbes mitbraucht haut, baut ma bald a Haus.

Ins Wohnzimm'r muaß a Kachlofa nei.

Ma entschliaßt sich, daß ma mit Holz schürt, weil dös a viel gemüatlichere Atmosphäre macht.

Ond iatzt gaut es genau so weit'r, als wia i dös am A'fang aufzählt hau. Wenn it so, wenn 's Holz it selb'r g'hollat sond'rn kauft wird, nau knischtrat dös Holz zwar au, ab'r es macht bloß oimaul warm. Mei Holz, dös i selb'r hol, dös macht mir a paarmaul warm. Dös isch d'r Ont'rschied.

Begegnung mit dem Pfarrer Kneipp

Von mein'r Großmuatt'r woiß i, daß ihra Muatt'r, also mei Urgroßmuatt'r, a'maul beim Pfarr'r Kneipp in Wörishofa war ond daß der ihr mit ma ganz oi'facha Mittl g'holfa haut. Dia haut nämlich en offana Fuaß g'hett, der, was sie au g'macht ond probiert haut, nomma zuag'hoilat isch. Im Gegatoil, d'r Fuaß ond d' Schmerza seiat all no schlimm'r woara – ond sie haut zom Zeitungsaustraga doch zwoi g'sonde Füaß braucht. Dia paar Gulda, dia sie dau verdient haut, warat so noatwendig wia 's tägliche Brot, weil mei Urgroßvat'r, der beim königlich bayerischen Rentamt Ursberg a'g'schtellt war, it viel verdient haut. Er war bloß a kloin'r Beamt'r.

In d'r greaschta Noat isch es meim Urgroßvat'r ei'g'falla, daß bei seim Weib, wenn oin'r no helfa ka, bloß no d'r Pfarr'r Kneipp von Wörishofa, von deam ma wahre Wund'rdinge v'rzählt, helfa ka.

„Woischt was!" haut mei Urgroßvat'r zua seim Weib g'sait, „deam schreib i en Briaf, ob er dir it helfa ka. Er wird sich scha no an mi erinnra; mir sind in Ottobeira in d'r Fei'rdagsschual neabaanand'r g'sessa."

Ond dös haut er au g'macht. Meim Urgroßvat'r sei Briaf an da Hochw. Herrn Pfarr'r Kneipp, haut so g'lautat. Dös woiß i no von mein'r Großmuatt'r:

Hochwürdiger Herr Pfarrer Kneipp!
Mein lieber Sebastian!

Viele Jahre sind schon vergangen, beinahe fünfzig, daß wir beide in Ottobeuren miteinander in die Feiertagsschule gegangen sind.

Ich bin der Willibald Madlener, Sohn des Philipp Madlener, Maurermeister in Ottobeuren. Du wirst Dich an mich schon noch erinnern können. Ich wohne in Ursberg und bin da beim königlich bayerischen Rentamt als Rentamtsbeibote beschäftigt. Das ist kein besonders hoher Posten und Du bist also doch noch ein Geistlicher geworden, wegen dem wir Dich in der Schule oft gehänselt und geärgert haben. Aber Du hast es immer schon gewußt, was Du einmal werden willst.

Man hört von Dir wahre Wunderdinge, wie Du den kranken Menschen hilfst. In meiner großen Not wende ich mich an Dich, weil ich fest daranglaube, daß Du meinem Weib helfen kannst. Sie hat einen offenen Fuß, der einfach nicht zuheilen will und wo sie ihn doch so notwendig zum Zeitungsaustragen und zum ein paar Gulden verdienen, braucht. Es gibt bei uns so schon viel zu oft Kraut und Kartoffel zum Essen. Sei doch so gut und schicke mir für ihren kranken Fuß ein Rezept. Es ist der linke, falls das für Dich wichtig ist. Ich würde Dich gerne wieder einmal sehen.

Nun lieber Sebastian weißt Du alles von mir und von meinem Weib. Ich grüße Dich als alter Ottobeurer und Schulfreund vielmals.

Dein Willibald Madlener

Sei Schualfreind, d'r Hochw. Herr Pfarr'r Kneipp, haut meim Urgroßvat'r tatsächlich g'antwortat. Dean Briaf haut mei Großmuatt'r, von der i dös alles woiß, wia en groaßa Schatz gehütet. Sie haut ihn jahrelang in ihrem Gebeatbuach romtraga, bis er eines Tages nomma dau war. Heit hätt der Briaf einen dementsprechenden Wert.

Dean Briaf vom Kneipp haut mir mei Großmuatt'r so oft voarg'leasa, daß i dean heit no fascht wortgetreu im Gedächtnis hau. Er haut so g'lautat:
Wörishofen am 4. Juli 1884

Lieber Willibald!
Freilich kann ich mich an Dich erinnern. Du wirst doch nicht glauben, daß ich dümmer bin als wie Du. Ich weiß es noch gut, daß wir in der Feiertagsschule nebeneinander saßen und daß ich Dir oftmals einsagen mußte, weil Du immer geschlafen hast.

Es freut mich, daß Du mit Deinen Sorgen zu mir kommst. Übrigens Kartoffel und Kraut sind als Essen sehr gesund; nur sollte zuvor ein Schwein durch das Kraut gelaufen sein. Bei mir zu Hause ist auch nie eines durchgelaufen.

Ich weiß vielleicht ein Mittel, wie man den offenen Fuß von Deinem Weib zuheilen kann. Dieses Mittel weiß ich von meiner seligen Mutter; aber das darf und kann ich Dir nicht schreiben, weil es sonst ein Rezept ist, auf das ein gewisser Herr aus Türkheim sehr scharf wäre. Wegen dem habe ich schon einmal vier Gulden Strafe bezahlen müssen. Am besten wird es sein, wenn Du mit Deinem Weib zu mir nach Wörishofen kommst, dann könnte ich Dein Weib und ihren Fuß genau anschauen. Ob es der linke oder der rechte Fuß ist, das ist unwichtig, nur frisch gewaschen sollte er sein. Am Abend hätten wir dann Gelegenheit zusammenzusitzen und uns über die früheren Zeiten zu unterhalten.

Warte nicht zu lange und komme mit Deinem Weib sobald Du kannst.

Mit vielen Grüßen und Gottes Segen
Dein alter Schulfreund Sebastian Kneipp

Mei Urgroßvat'r haut, dös haut mei Großmuatt'r oft v'rzählt, wirklich it lang g'wartat. Er isch glei zwoi Däg schpät'r mit sein'r Anna nauch Wörishofa g'fahra. G'fahra isch eigentlich bloß sie, denn dia haut er in a Loit'rwägale neibettat ond haut sie von Ursberg, an Kirchhoim voarbei, üb'r Mindlhoim nauch Wörishofa zoga. Dös Wägale, mit deam i als Bua selb'r no g'fahra bin, haut no koi Gummibereifung g'hett ond d' Straußa warat dortmauls no recht schtoinig ond voll'r Schlaglöch'r. In d'r Früah om Fünfa isch er mit ihr wegg'fahra ond mittags beim Zwölfaläuta isch er mit ihr in Wörishofa g'weah. Er wollt, nauchdeam er vom Kneipp erfahra haut, was gega da offana Fuaß hilft, sich glei wied'r auf da Hoimweag macha, daumit er mit ihr it gar so weit in d' Nacht nei'kommt, dös haut d'r Kneipp ab'r it zualassa. Er haut mit sein'r Anna im Kloascht'r üb'rnachta müassa.

Am Aubad isch mei Urgroßvat'r mit'm Kneipp Baschtl beianand'rgsessa; sie hand von früah'r v'rzählt, hand zwischanei en kräftiga Schluck vom dunkla Bier g'nomma ond hand all wied'r a'maul g'schnupft.

Am andara Morga hand sich meine Urgroßeltra nauch r'r kräftiga Brennsupp auf da Hoimweag macha wolla; ab'r dau haut scha d'r Kneipp ei'schpanna ond haut sie mit d'r Kutsch bis auf Kirchhoim fahra lassa. Von der Fahrt hand dia Zwoi jahrelang g'schwärmt.

Zwoi Wucha schpät'r haut mei Urgroßmuatt'r scha wied'r ihra Zeitung austraga könna ond dös no sieba Jauhr lang.

Dös isch tatsächlich wauhr ond i bin mächtig schtolz, daß i so Ebbes v'rzähla ka.

I woiß es, was dös für a Mittl war, was mein'r Urgroßmuatt'r g'holfa haut, ab'r dös behalt i für mi, dös isch a Familiengeheimnis.

Was ma so alles sieht

Wenn i durch d' Strauße gang, zom Beischpiel in Memminga durch d' Fuaßgäng'rzone, nau sieh i soviel, worüb'r i mir meine Reim ond Gedanka mach; wobei i all'rdings voarausschicka muaß, daß i scha alt bin ond daß i manches nomma so recht verschtand. Aus deam Grund denk i mir dös au bloß. Da Oinzelne daudrauf a'schprecha, dös dua i natürlich it, wenngleich i es mir oft verbeißa muaß. Wenn i so a Mannsbild sieh, der weaga seine lange Haur, beziehungsweise weaga seim Zöpfle, von hinta wia a Mädle aussieht, nau dät i deam am liabschta mit r'r Heckascher hint'rherlaufa ond a Attentat beganga. Wenn se scha Weib'r sei wend, nau sollat se doch au no en Rock a'ziah ond in Stöcklesschuah romlaufa, dia Heini. Von de Bärt sag i scha gar nix meah. An dia hau i mi g'wöhnt. I denk mir daubei halt, daß derjenige sei G'sicht it seah lau will. Zua meim Jungsei haut ma sich jeden Dag rasiert ond g'wäscha. Dau haut ma sei G'sicht it verstecka braucha. Ond a G'schläf hand se heitzutag, daß es oim grausat. So sind mir it a'maul in d'r Fasnacht romg'laufa. Dös sind Kittl, Kutta ond Hosa, daß ma dau von schä a'zoga, nomma guat schwätza ka. Dau könnt ma moina, daß dia a'zoga ins Bett gangat, so verstrompflat ond verflackat seahat dia her. Dös sind Auswüchs von solche, dia im Kopf it ganz recht sind. Seit ma zua de Schneid'r Designer sait, isch es nix meah. In so ma G'schläf kommt a scheana Figur gar nomma zur Geltung. Wenn früah'r a Mädle od'r a Bursch a scheana Figur g'hett haut, nau haut ma dia au zoigat. Wenn bei ma Mädle obarom Ebbes dau war, nau haut ma dös au g'seah. Voar laut'r

Falta, Schlips ond Bändl sieht ma dös iatzt nomma. Bloß im Somm'r land ses no seah. Doch dau manchmaul wied'r zuviel; was mir all'rdings nix ausmacht, weil dös zom A'gucka it a'maul wüascht isch. Ob Sonntags- od'r Werktagsg'wand, dau gibt es koin Unt'rschied meah. Sie send jeden Dag gleich unvoarteilhaft a'zoga. Daubei hand se no a Farbzusammenstellung, daß ma heina könnt. Ond erscht dia Farba im G'sicht ond om d' Augadeckl rom. O wei! O wei!

Wenn i au no an die heutige moderne Musik, an da G'sang, sofern ma dös Wort „Gesang" üb'rhaupt daufür verwenda ka; richtig wäre dau „G'schroi od'r Gekrächze", an die moderne Dänz ond an die nuie Kunstrichtung in d'r Malerei ond in d'r Bildhauerei denk, nau wundrat mi gar nix meah. Was ma heitzutag alles als Kunscht bezeichnat, dös isch für ons normale Menscha a Zumutung. Wenn es Oin'r it bess'r ka, nau soll er es doch bleiba lau, dau isch es schad oms Material.

Am beschta wird es sei, i gang nomma durch d' Fuaßgäng'rzone, nau bleibt mir so manches Nauchgucka ond Kopfschüttla erschpart. Wia i a'maul üb'r so a moderne Figur mein Kopf offensichtlich zu sehr g'schüttlat hau, haut dia zua mir g'sait: „Gell dau schtaunscht du Opa!" Dau hau i fei no a Glück g'hett, daß dia zua mir anschtatt Opa it „Grufti" g'sait haut. Grufti isch nämlich die neueschte Bezeichnung von de junge Leit für ons Rentn'r.

I wünsch deane, daß sie au alt werdat. Recht alt sogar, daumit sie au a'maul all dös mitmacha müaßat, was mir mit eahne mitmachat.

Wenn

I hau mir a'maul üb'rlegt wia es wär, wenn ma, so wia a
Auto, wia a Segljacht, wia a Grundstück, wia a Haus, Lebensjahre kaufa könnt. Wia teu'r dia wohl kämat ond wer
dia wohl kaufa dät ond könnt. Dau wärat nau bald bloß no
dia Leit ont'r sich, dia moinat, sie seiat die Auserwählte.
Dau dät es auf ma Ball voar laut'r Gold ond Edlschtoi so
glänza ond schtrahla, daß ma 's elektrische Liacht ausmacha könnt. Straußakreuz'r mit livrierte Chauffeure dätat
dauschtanda ond auf dia Herrschafta warta, dia 's Geld
hand, für oi Lebensjauhr fünf Milliona ond mehr auszom-
geaba. Es fraugt sich bloß, von weam dia Lebensjahre
kämat. Angenommen, a jeder Mensch hätt dia Möglich-
keit, an der sogenannten Lebensbörse Lebensjahre zom
kaufa, nau ging es dau ärg'r zua, als wia beim greaschta
Börsenkrach. Weil es an d'r Börse bekanntlich so isch, daß
Angebot und Nachfrage da Kurs – schprich Preis regeln,
müßtat selbstverschtändlich erscht oine dau sei, dia ihre
Lebensjahre verkaufat. Wenn sich dös durchführa ließ,
nau wärat bald koine Menscha meah dau, dia schaffa dätat.
Dau dät a jed'r schnell a paar Jauhr verkaufa ond nau priva-
tisiera. Also so ging es au it, dau müßt scha a System denna
sei, sonscht dätat Menscha zua Millionär werda, dia mit'm
Geld it omganga könnat. Es fraugt sich au, wer dau no für
die Reiche ond Auserwählte schaffa dät, daumit dia ihre
Konzern ond Fabrika omtreiba könntat. Die zu kaufende
Lebensjahre müßtat also von ganz wo anders herkomma.
Am beschta von d'r CSU, weil dia doch am ehrlichschta
sind ond em Himml am nägschta schtandat. Ab'r dös ging

au it weaga de andere Parteia. Dau dätat se nau no mehr schtreita als wia scha iatzt. I hau mir üb'rlegt, ob i dia Sach it selb'r in d' Hand nimm. Soviel Domme ond Reiche gäb es auf jeden Fall, daß dös G'schäft floriera dät. Ab'r wer woiß was no alles kommt. Dia Gen-Forsch'r, dia sind zua allem fähig.

Am letzschta Dag

Heit isch die letzschte Gelegenheit, daß i ihr a'maul sag, was i scha 's ganze Jauhr üb'r zua ihr hau saga wolla; heit isch nämlich d'r einonddreißigschte Dezemb'r.

So haut d'r Web'r Gottfried im Wald duß, wia er ins Nauchdenka komma isch, zua sich selb'r g'sait. Er wollt's eigentlich scha lang a'maul saga, ab'r entwed'r haut er es vergessa, od'r es isch jedesmaul ebbes d'rzwischa komma. Heit muaß es raus, daß er sie nauch 45jährig'r Ehe all no mag, daß sie a guate Köchin, a guate Hausfrau isch ond daß er ihr viel zom Danka haut. Er wundrat sich, daß er all dös zua ihr no it g'sait haut, wo sie doch jeden Dag beianand'r sind. Ab'r heit am Silvescht'raubad, wenn sie im warma Stüble beianand'rsitzat ond a Gläsle Punsch trinkat, dau wird er ihr nau alles saga.

Eigentlich hätt sie au scha a'maul ebbes saga könna. Er haut au 's ganze Jauhr durch it oi'maul von ihr g'härt, daß sie ihn no ma ond daß er a Mah sei, mit deam ma guat auskomma ka, wenn ma ihm recht gibt. Waurom eigentlich haut sie no nia so ebbes g'sait? Vielleicht desweaga, weil sie daudrauf g'wartat haut, daß er es als Erscht'r sait, nau dät sie wahrscheinlich au aus sich rausganga. Es isch it unbedingt ihre Art. Sie sait sich wahrscheinlich, wenn er es it so merkt, daß i ihn no ma, nau isch es scha g'fehlt.

Wia er nau am Sivescht'raubad koin Punsch kriagt haut, weil der für ihn it guat sei, isch er it bloß enttäuscht, dau isch er au inn'rlich a'weng narrat woara, er haut sich's bloß it a'merka lau; ab'r dös, was er ihr haut saga wolla, dös haut er om alles in d'r Welt nomma rausbraucht. Ond so isch 's alte Jauhr verganga, ohne daß er ihr dös g'sait haut, was er sich so fescht voarg'nomma g'hett haut.

Wia er am erschta Januar wied'r durch da Wald ganga isch, dau haut er sich it bloß g'schämt, daß er gescht'rn dia Gelegenheit haut voarbeiganga lau, dau haut er es sich zugleich fescht voarg'nomma, ihr all dös sobald als möglich zom saga, denn es könnt in ihrem Alt'r der Dag komma, wo ma es nomma saga ka ond dös wär bitt'r.

Die Zwei

„I kenn dia zwoi, denn i bin mit deane in d' Schual ganga", haut derjenige zua mir g'sait, der mir dös alles v'rzählt haut. „Mit'm Oina bin i bloß a paar Jauhr in d' Schual ganga, weil der nau schtudiert haut. Er haut sei Abitur mit Note eins g'macht. Er haut sein Dokt'r rer. pol., dös hoißt, da Dokt'r der Staatswissenschaften g'macht, rerum politicarum. Er isch all höh'r ond höh'r g'schtiega ond isch zuaguat'rletzscht a ganz hoahes Viech woara. Er war scha in d'r erschta Klaß so fleißig ond strebsam, daß ma dean ons all als Voarbild nag'schtellt haut. Er haut Auszeichnunga, Titl ond Ehrenämt'r kriagt, daß er daumit handla hät könna. Als Schualbua greisla ond gluckra, dös haut er it kennt ond beim Raiber- ond Schantesspiel, dau war er au nia daubei. Er haut, dös muaß i von ihm saga, trotz allem, ons ond sei Hoimatschtädtle nia vergessa. Er isch zua onser'r Achtzig'rfeier bis von Berlin komma.

D'r Andere von deane zwoi war grad 's Gegatoil. Der haut sich in d'r Schual ond im Beruf it ang'schtrengt. Er haut alles auf die leichte Schult'r g'nomma ond haut da Herrgott en guata Mah sei lau. Er war it strebsam ond au it fleißig. Er haut halt soviel g'schaffat, daß es zom Leaba allaweil g'roicht haut. der isch au zur Achtzig'rfeier komma.

Beim Feschtaubad haut sich rausg'schtellt, daß d'r Herr Dokt'r rer. pol. anschtatt ma Bier od'r ma Wein, en Überking'r ohne Kohlensäure trinka haut müassa ond daß er weaga seim Maga ond sein'r Galle, von all deane guate Sacha, dia auf d'r Speiskart g'schtanda sind, nix essa haut könna, während d'r Andere zua r'r zünftiga Schweinshax, scha sei trittes Halbe Weizen tronka haut. Nauch em Essa haut sich der a guate Zigar a'zunda ond haut es sich bei a paar Schöppla Rotwein guat sei lau.

Ma haut von früah'r v'rzählt ond es isch a wirklich schean'r Aubad woara. D'r Herr Dokt'r isch scha om halba Elfa aufs Zimm'r ganga. Om dia Zeit haut d'r Andere sich no a pfundige Brotzeit b'schtellt. Wia schpät es bei deam woara isch, dös woiß i it, weil i om halba Zwoi in d'r Früah hoimganga bin ond dau haut der grad no a Solo g'songa."

D'r Herr Dokt'r haut a monatliche Pension von weit üb'r zehatausad Mark, während d'r Andere mit it ganz sechzehund'rt Mark Rente auskomma muaß.

Wia es d'r Zuafall will, sind dia Zwoi a paar Jauhr schpät'r, am gleicha Dag g'schtorba. Wia se mitanand'r voar em Himmlstor g'schtanda sind, haut d'r Petrus z'erscht dean mit d'r kloina Rente ausg'fraugat. Er wollt von ihm wissa, ob er singa ka? „Ja! ond dös wia" haut der nau g'sait ond wollt glei a Probe von sein'r Sangeskunst geaba, ab'r dös war it nötig. Wia nau d'r Petrus no wissa wollt, ob er au schaufkopfa ka, haut der wiederum „ja" g'sait ond haut da Petrus glei g'fraugat, wia hoach ma dau hoba schpielt. Mir hand halt zeha, zwanz'g, dreißig ond 's Solo a Fuchzigerle g'schpielt, haut er zom Petrus g'sait. Wia nau d'r Petrus ihn g'fraugat haut, ob er au kegla ka, haut er von deane fuchzehn Juh v'rzählt, dia er a'maul an oim Aubad g'schoba haut. „Eintreten!" haut d'r Petrus bloß g'sait ond haut ihn durchs Tor ganga lau. Nauch d'r Liab hät er dean it au no frauga derfa, dau wär der ganz schea in Verlegenheit komma. Nauchdeam ab'r bekanntlich d' Liab a Himmlsmacht isch, isch dia Fraug it zur Debatte g'schtanda.

Wia nau d'r Petrus dia ganz gleiche Frauga an da Herrn Dokt'r g'richtat haut, haut der jedesmaul mit „nein" g'antwortat. Er ka it singa, it schaufkopfa ond it kegla. „O mei Mah!" haut d'r Petrus daudrauf g'sait „du duascht mir leid." Ond denkt haut er sich: „Wied'r so oin'r, der omasonscht g'leabt haut ond dean ma bei ons dau hoba zua nix braucha ka."

Daß derjenige drei Fremdschpraucha schpricht, dös haut da Petrus gar it interessiert, weil es im Himml sowieso bloß oi Schprauch gibt, dia alle schprechat ond dia alle verschtandat.

Dös muaß i abschließend au no saga. Beim Nachlaß vom Herrn Dokt'r haut es ont'r de Erba schwere Schtreitareia, ja sogar au no en Prozeß geaba, weil a paar g'moint hand, sie seiat zu kurz komma. Beim Andara haut es üb'rhaupt nix braucht, weil dau außr'm Geld für da Leichaschmaus zom Erba nix dau war.

Isch es it so?

Erscht neulich hau i mir en Mantl kauft. Weil i en echta Lodamantl g'wöllt hau, bin i mit mein'r Frau auf Müncha g'fahra ond hau mir dau oin rausg'suacht. D'r zwoite Mantl, dean i a'probiert hau, haut auf Anhieb paßt ond dean hau i nau au kauft. D'r wiavielte Mantl dös in meim ganza Leaba isch, dös ka i it saga. I ka bloß mit Sich'rheit saga, daß dös mei letzscht'r Mantl isch.

En Anzug dät i eigentlich au no braucha ond zwar en guata Feschtanzug. Ab'r dau sag i mir: „Zuawas denn? Wo i no na'komm ond wo i no nagang, dau donds meine alte A'züg au." I hau no drei sogenannte Feschtanzüg in meim Kloid'rkaschta hanga, ab'r dia passat mir nomma recht. Dia sitzat hintarom so straff, i moin iatzt d' Hosa, daß i mi in deane kaum no zom bucka trau. Bei de Sakkos isch es so, daß i dau kaum no en Knopf zuamacha ka ond ab ond zua verlangt dös halt d' Etikette, daß dia zua sind. Anscheinend haut mei Frau doch recht, wenn sie sait, i dät zwar geischtig abnehma, daufür sei i ab'r in de letzschte Rentnerjauhr figürlich voll'r woara. Ond i hau all g'moint, daß meine Anzüg vom viela Reiniga ei'ganga seiat. In deam Fall isch d' Chemie it schuldig.

Bei de Schuah isch dös ganz and'rscht, dau brauch i von Zeit zu Zeit all wied'r nuie. I hau zwar drei naglnuie Paar in meim Schuahschränkle schtanda, ab'r dia ka i weaga meim Heahn'raug it a'ziah. Iatzt, wo i meine Schuah om zwoi Nommra greaß'r kauf, druckt mi koin'r meahr, ab'r Socka mach i iatzt drei Maul soviel kaputt wia früah'r.

Hüat hau i sechs Schtuck im Kaschta. Fünf von deane

dürft i ausranschiera, weil dia nomma modern sind, ab'r ma hangat halt an deane alte Sacha. Ma ka ja sei Frau au it ausranschiera, weil dia alt ond nomma flott g'nua isch. Wenn dös ging, nau hät i dauvon au mehrere im Kaschta.

Bei de Oberhemden hau i au koi Noat. Dau hau i ungefähr drei Dutzat ond zwischanei kriag i all oins od'r au zwoi von mein'r Frau g'schenkt. Sie zahlts allaweil mit ma Euroscheck von meim Konto. Dös isch doch aufmerksam od'r it?

Bind'r od'r Krawatta hau i a paar Dutzat ond komisch'r-weis ziaht ma all da gleicha a. Dau kauf i ganz g'wiß koin meah.

D' Ont'rhosa erwähn i gar it, soviel hau i dau. Kurze ond lange, angeraute ond wollane, für da Somm'r ond für da Wint'r. Was mir bei de meinige it g'fällt, dös isch d' Farb. I hau fascht laut'r hellblaue ond weiße. Reh- od'r nußbraune wärat von d'r Farb her günschtig'r ond dia könnt ma au läng'r traga.

I bin iatzt auf jeden Fall an ma Punkt angelangt, wo i mir saga ka, dös ond dös kauf i mir nomma, weil i dös in meim Alt'r nomma brauch ond mit deam was i hau, ka i leicht solang futtmacha, bis i gar nix meah brauch. Dös isch a'maul d'r Fall, wenn i am Aubad ins Bett ganga ond in d'r Früah doat aufwach.

Bei de Fraua isch dös ganz and'rscht, dia sind it so schparsam wia mir Männ'r. Dia kaufat ond kaufat, im Früahling, im Somm'r, im Herbscht ond im Wint'r. Dau hoißt es allaweil bloß: I brauch ebbes Nuies, so ka i mit dir it romlaufa." Als ob ons dös was ausmacha dät. Mir isch es jedesmaul angscht, wenn die nuie Katalog kommat. Wenn i mir wirklich was kaufa mächt, nau hoißt es glei: „Zuawas denn! ond in deim Alt'r." Daubei isch sie bloß a Jauhr jüng'r. Isch es it so?

Zua meim fünfundsiebzigschta

An meim 75. Geburtsdag bin i au, wia alle Dag, in da Wald nausganga ond hint'rher hau i g'schrieba:

I hau da Herrgott troffa,
es war dussa im Wald,
mei Herz war ganz weit offa
ond d' Glocka hand wid'rhallt.

„Martin!" haut Er zua mir g'sait,
„i woiß, du bischt heit 75 Jauhr,
woischt was, i mach dir a Fraid,
vergiß deine weiße Haur.

I hau mir's so ausdenkt,
i dua dei Jahreszahl omdreha,
nau hau i dir 18 Jauhr g'schenkt,
i moin, so sollt es doch geha.

Nau bischt du 57 Jauhr
anschtatt 75 wia heit.
I ka dös, dös isch wauhr,
was moinscht? i mach dir dia Fraid.

Denk dir wia schea es wär
no a'maul 57 zom sei,
dös fällt dir doch it schwer,
komm ond schlag ei."

Dös wär wirklich zom Üb'rlega,
sowas g'schieht it alle Da,
dös wär a Gnad ond a Seaga,
dös muaß i scha sa.

Ab'r iatzt wird es mind'r,
an dös denk i natürlich au,
i denk weanig'r an d' Kind'r,
als vielmehr an mei Frau.

Dia wär nau 13 Jauhr ält'r,
ja, dös ging doch gar ni,
sie wird allaweil kält'r,
was mach dau nau i?

I wär no im beschta Alt'r,
agil, kräftig ond g'sond,
wia so a trunkan'r Falt'r,
ab'r Sui! Na ond?

I müßt au no 8 Jauhr schaffa
ond au mei Häusle hät i noit,
i moin, i dua dös lassa,
es duat mir it a'maul loid.

D'rom hau zom Herrgott i g'sait,
nix Besseres fiel mir ei:
„I ka it, es duat mir leid,
laß mi meine fünfasiebzig sei.

Doch, wenn Du mir was schenka willscht,
nau mächt i ganz bescheida sa,
wenn Du mir mein Wunsch erfüllscht,
nau häng mir dia 18 Jährla hintana.

Dia dät i dankbar nehma,
für sowas wär i scha dau,
doch, muaß i mi iatzt schäma?
i erbitts au für mei Frau.

Alloinig muaß i verzichta,
dau hand sie mir koin Wert,
weil, laß es mi berichta,
d'r Oine zom Andara g'härt."

Dia verflixte Sechzig'r-Jauhr

I hau feschtg'schtellt, daß beim Mann d' Sechzig'r-Jauhr
am g'fährlichschta sind.

Wenn ma scha a bißale ält'r isch,
so om de sechzig rom,
nau isch ma, sell isch g'wiß,
no it alt, ab'r au nomma ganz jong.

Mit siebzig duat es im Leaba,
dös isch hinlänglich bekannt,
nomma viel Aufregung geaba,
trotzdeam bleibt es interessant.

Mit achtzig macht ma sichs gemüatlich,
suacht d' Sonna ond a Bank,
lebt bescheida, schtill ond friedlich
ond sait em Herrgott daufür Dank.

Manchmaul gaut es au no weit'r,
bis auf neunzig ond hund'rt nauf,
auf der sogenannten Lebensleit'r,
doch oi'maul, dau härt es auf.

Soweit wär alles richtig,
bis auf dia verflixte 60-er Jauhr,
denn dau kommt ma no a'maul richtig
in Versuchung ond in G'fauhr.

Dau fangt es plötzlich a zom Rumora,
es gärt ond schprudlat üb'rall,
ma isch verliabt bis üb'r beide Oahra
ond wiehrat nauch ma fremda Schtall.

Es erwachat all dia Sacha,
dia d' Frau nomma erwecka duat,
ma könnt all jauchza, singa, lacha,
in Wallung kommt glei 's Bluat.

Alles haut en rosiga Schimm'r,
alles isch unbeschreiblich schea,
so herrlich war es no nia ond nimm'r,
sowas haut's scha lang nomma geah.

Im Schlauf ka ma wund'rbar träuma,
so, wia voar zwanz'g Jauhr zuletzscht,
ma muaß sich gewaltig zäuma,
daß ma im Traum it schwätzt.

Zom Glück hoißt sie au Mathilde,
so wia d' Frau neabadött,
d'rom isch dia au nia im Bilde,
wean er im Traum haut g'hött.

Es laßt sich it läng'r verheba,
was Traum war, wird iatzt wauhr,
ma will no was erleaba,
ma isch ja no in de beschte Jauhr.

Ma haut no Chanca, ma g'schpürt es,
d' Mädla guckat no nauch oim om,
die oigane Frau, dia rührt dös,
dia denkt sich, isch der Kerle domm.

Sie merkt's an seim Gehabe,
daß dau ebbes it schtimmt,
denn plötzlich macht der alte Knabe,
so en Wirbl ond soviel Wind.

In d'r Früah macht er Gymnastik
trotz seim Hexaschuß,
trinkt da Kaffee ganz haschtig,
bis ma guckat isch er duß.

D' Zeitung intressiert ihn nomma,
sei ganza Ruhe isch dauhin,
soweit könnat dia alte Deppa komma,
zwecks so r'r junga Bien.

Mit Freuda duat er mittags essa,
was ihm no gar nia haut g'schmeckt,
dös isch wirklich zu vermessa,
dös haut sei Frau verschreckt.

Iatzt hoißt es Obacht geaba,
denn der isch glatt verruckt,
er duat in höhere Regiona schweaba
ond lüaga duat er grad wia druckt.

Er bringt sein'r Frau iatzt Bloma,
isch plötzlich a Kavalier,
er sait, sie soll sich schona
ond sowas schtinkt halt ihr.

Er g'schpürt da Früahling wied'r,
mitta in d'r Wint'rzeit,
es juckt und zuckt in alle Glied'r,
zua jed'r Sünd wär er bereit.

Sei Verschtand sei hell'r,
isch plötzlich nomma dau,
er macht en Wind wia a Propell'r,
schlägt a Rad, grad wia a Pfau.

Er duat sich ganz fei rasiera,
daß es ja koi bißale krätzt,
er mächt es it rischkiera,
daß sich sei Bienle gar verletzt.

Er mächt iatzt was erleaba,
alles andere isch Neabasach,
sei Gewissa isch zwar d'rgega,
doch 's Fleisch, dös isch halt schwach.

So schwach isch es wied'r au noit,
er traut sich doch it recht,
plötzlich duat ihm sei Frau loid,
er duats it, obwohl er mächt.

Wia kas bloß soweit komma?
in deam Fall gings grad no guat,
ihr hand es grad vernomma:
„D' 60-er Jauhr ond 's narrat Bluat."

Dia Jauhr sind wirklich g'fährlich,
i woiß dös selb'r au,
dau hilft bloß, i sag es ehrlich,
viel Liab von d'r oigana Frau.

Wenn er wied'r alles isch,
alles bloß koi Kavalier,
nau, dös isch ganz g'wiß,
nau g'härt er wied'r ihr.

Wenn er wied'r a'ziah duat
a langa Ont'rhos,
nau, i woiß dös guat,
nau isch nix meah los.

Wenn sie ihn wied'r ei'reiba muaß
gega Hexaschuß ond Gicht
ond wenn er auß'rm Gruaß,
koi Wort mit ihr schpricht,

wenn er wied'r seine alte Krawatta trait
ond ihm alles isch egal,
wenn er sich auf sei Bett meah frait,
nau isch er meah n o r m a l.

No vier Zeila hau i dichtat,
dös fiel mir am Schluß no ei,
was i üb'r dean Mah hau berichtat,
könnt grad so guat au für a Weible sei.

Meine drei Wört'r

Drei Wört'r gibt es dia mir
alles bedeutat in meim Leaba,
was dös für drei sind,
i will mei Antwort drauf geaba.

Ohne dia drei Wört'r
ond koi oinziges mehr,
wärat mir Menscha arm dra
ond d' Welt wär so leer.

Oi Wort, dös ma bloß mit
Ehrfurcht aussprecha ka,
dös schtaut bei mir
ganz vorna dra.

Es hoißt „Herrgott",
mehr brauch i dauzua it saga,
dös Wort sollt ma allaweil
in seim Herza traga.

Nau ka komma
was es au sei,
dös Wort „Herrgott"
macht oin glücklich ond frei.

Was nützt oim Glück
ond Reichtum d'r Welt,
wenn im Herza denna
dös oine Wort fehlt.

Glück ond Reichtum
versinkat im Meer,
alles isch vergänglich,
doch, was isch nau hint'rher?

Dau isch es nau wichtig,
wenn 's Leaba ausklingt,
daß ma im Herza
dös Wort „Herrgott" mitbringt.

Dös zwoite Wort
an deam i so häng,
dös isch bei mir,
au mitta im Herza denn.

Dau g'härt es au na,
dau isch au sei Platz.
Dös Wort hoißt „Hoimat",
a unbezahlbar'r Schatz.

Dauhoi od'r Hoimat,
wia ma's au moint,
isch wia a blau'r Himml,
an deam d' Sonna grad scheint.

Dös isch a Blomawies
ond isch a Blüatameer,
dös isch a kloines Wäss'rle,
a Tannagrund ond no viel mehr.

Hoimat, dös sind dia Plätzla,
wo ma als Kind isch g'schprunga
ond wo vom Kirchturm
d' Glocka hand klunga.

Wo ma in d' Schual komma isch,
wo ma 's erschte maul verliabt war,
wo ma im hoimatlicha Kirchle,
g'schtanda isch am Traualtar.

D' Hoimat isch au dau,
dös sag i ganz lind,
wo alte Bekannte
ond d' Eltra begraba sind.

Dös Wort „Hoimat"
isch a Gebeat ond a Liad,
dös isch a glückliche Insl,
wo es oin all wied'r na'ziaht.

Mei drittes Wort
haut en besondara Klang,
dös macht oin glücklich
ond koi bißale bang.

In deam Wort isch,
wia es mir scheint,
von de erschte zwei Wört'r,
's All'rschönschte vereint.

Ehrfurcht ond Geborgasei,
was gibt es no mehr,
dös Wort hoißt „Muatt'r",
isch dös so schwer?

A Muatt'r isch alles,
wer dia haut isch reich
ond sie kommt, moin i,
nauch em Herrgott sogleich.

Dös also sind meine drei Wört'r,
dia für mi am all'rschönschta sind,
in deane i in jedem,
mei ganze Sehnsucht find.

Wenn i a'maul ganga muaß,
wann au imm'r es sei,
mei drei Wört'r,
dia hau i daubei.

Dia helfat mir finda,
dau isch fei was dra,
im Himml a Fenscht'r,
wo i nau nagucka ka.

Auf mei schwäbisches Ländle
mit all sein'r Pracht,
dös d'r Herrgott mit viel Liab,
für ons Schwauba haut g'macht.

Ma sollt es halt wissa

Ma sollt es halt wissa,
was hint'rher kommt,
ob ma fürs Schmusa ond Küssa,
sei Rechnung kriagt prompt.

Od'r ob ma a Depp war,
weil ma soviel haut versaimt,
weil ma sich nix traut haut
ond dauvon haut bloß traimt.

Ma sollt es halt wissa,
ob es sich rentiert,
daß ma im Leaba haut
üb'rhaupt nix rischkiert.

Ob es it bess'r wär,
daß ma anschtatt frohlocka,
ab ond zua
dia verbotene Früchte dät brocka.

Ma sollt es halt wissa,
dös wär oifach toll,
ob ma so bleiba,
od'r sich no ändara soll.

Nau mei Liab'r,
nau ging i no los,
ihr brauchat nix denka,
ma schwätzt dauvon bloß.

Ma sollt es halt wissa,
sonscht haut es koin Wert,
i bleib doch liab'r so,
so wia es sich g'härt.

Denn in meim Alt'r,
dös fällt mir grad ei,
ka i, wenn i au mächt,
gar koi Sünd'r meah sei.

Drom isch es au bess'r,
i laß es, so wia es isch,
ob troffa od'r g'fehlt,
ma woiß halt nix g'wiß.

I sieh mi

I sieh mi auf d'r Schualbank sitza,
i sieh da Datzastecka blitza.

I sieh mi mit d'r Kommunionkerz ganga,
i sieh mi da Heiliga Geischt empfanga.

I sieh mi in d'r Schtub dauhoi
mit alle Andare ond alloi.

I sieh dia Bild'r an d'r Wand,
i sieh dös Häusle, dös mir hand.

I sieh dia Bloma voar em Haus,
dia alte Äpflbäum an d'r Strauß.

I sieh mi in d'r Chrischtalehr,
i sieh no viel, viel mehr.

I sieh mi Fuaßball schpiela,
als Soldat auf d' Scheiba ziela.

I sieh mi an deam Bloamagarta
auf mei erschtes Mädle warta.

I sieh es ihr an de Auga a,
wia liab sie mi haut ond mah.

I sieh mi, dös isch wauhr,
mit r'r ganz Andara am Traualtaur.

I sieh o Angscht ond Graus
dia viele Fliag'r üb'rm Haus.

I sieh 's Graua om mi her,
i sieh no viel, viel mehr.

I sieh fremde Soldata in d'r Stadt,
i sieh, wia weanig Freind ma hat.

I sieh ons fahra üb'rs Land,
mit deam Bißale, dös mir hand.

I sieh mi in d'r Marmeladfabrik,
i sieh zua meim groaßa Glück,

heit trau i mir 's v'rzähla,
mi da brauna Amizuck'r schteahla.

Dean i braucht hau, i will es saga,
für en gebrauchta Kind'rwaga.

I sieh aus der schlimma Zeit,
wia weanig es zom Essa geit.

I sieh alle Schmalzhafa leer,
i sieh no viel, viel mehr.

I sieh im Garta d' Windla hanga,
i sieh mi mit'm Büable ganga.

I sieh, wia ons'r Bescht'r,
drei Jauhr schpät'r kriagt a Schwescht'r.

I sieh, o meine Güte,
alle zwoi mit d'r Zuck'rtüte.

I sieh, wia sie Hand in Hand,
mitanand in d' Schual neigand.

I sieh in d'r Weihnachtszeit,
in ihre Auga dia groaße Fraid.

I sieh beide in d'r Lehr,
i sieh no viel, viel mehr.

I sieh ond wär i blind,
wia se nauchanand'r auszoga sind.

I woiß es no ganz genau,
wia mir, i ond mei Frau,

es war a Dag ohne Sonnaschei,
g'sait hand, iatzt sind mir ganz alloi.

Bloß a Kätzle isch ons blieba,
zom Schmusa ond zom Lieba.

I sieh au ons, wia mir mitanand,
a altes Häusle kauft hand.

Bloma ond Wiesa om ons her,
i sieh no viel, viel mehr.

I sieh, wia könnt es and'rs sei,
ons'r oinzigs Enkale ganz alloi.

I sieh es, so isch es halt,
mit mir dussa im Wald,

ont'r Tanna ond Buacha,
nauch de Höhla von de Zwergla suacha.

I sieh es, o meine Güte,
au scha mit d'r Zuck'rtüte.

I könnt no lang so weit'rmacha,
dös sind alles so Sacha,

dia, ob als Mah, ob als Kind,
scha lang verganga sind.

Dia oft om mi schwebat
ond in de Gedanka weit'rlebat.

I woiß, dös isch a Spinnerei,
ab'r land mi halt so sei.

Eines Tages, so isch d'r Lauf,
härt alles von selb'r auf.

Vielleicht, wia schea dös wär,
sieh i nau no viel, viel mehr.

Das kleine deutsche i

Es war in d'r erschta Klaß im Monat Mai,
d'r Herr Lehr'r war grad daubei,

's kloine deutsche i zum erklära,
dau haut er müassa hära,

daß in d'r letzschta Bank d'r Xaver Voigt,
scha lang mit seim Fing'r zoigt.

„Na was isch?" fraugt d'r Lehr'r ihn
ond gaut zom kloina Xaver hin.

Der schtottrat ond druckt nau raus,
daß er ganz noatwendig muaß naus.

D'r Lehr'r guckat auf d' Uhr ond sait:
„Wart no a bißale, glei isch es soweit.

In fünf Minuta isch d' Pause dau,
dau ka'scht du nau mit de andere Buaba gauh."

D'r Xaver sait dauzua koi Wort
ond d'r Lehr'r fährt meah fort:

„Also no a'maul: Auf ab auf
ond a Dipfle drauf,

it mehr ond au it mind'r,
dös isch a kloines i ihr Kind'r."

Sie schreibat ihre i in ihre Heft'r nei,
solang, bis endlich duat d' Pause sei.

Im Nu sind alle Buaba duß,
weil doch fascht a jed'r muß.

Wia ab'r d'r Xaver sitza bleibt
ond es ihn it au hinaus treibt,

gaut d'r Lehr'r wied'r zua ihm na
ond moint, daß er iatzt doch ganga ka.

Doch der, der arme Tropf,
der schüttlat bloß mit'm Kopf.

Wia nau d'r Lehr'r von ihm will härä,
waurom it, er solls ihm doch erklärä,

sait der mit einem gewissen Bangen:
„Herr Lehrer! ich bin schon herinnen hinausgegangen."

Heilig ond schei'heilig

In d'r 3. Klaß Volksschual hand se da Begriff
„heilig" ond „schei'heilig" durchg'nomma
ond om zom prüafa, ob au alle send mitkomma,

fraugat d'r Lehr'r glei da Seppl Frisch,
weil der in d'r Klaß d'r Dümmschte isch.

„Na Seppl! sag du a'maul ganz frei,
wer dein'r Meinung nauch schei'heilig duat sei."

Der üb'rlegt it lang – der Bruad'r,
„schei'heilig" sait der, „dös isch mei Muatt'r!"

D'r Lehr'r isch ganz konschterniert,
„i hau mirs doch glei denkt, du hauscht es kapiert",

schreit er da kloina Seppl a,
„wia ka'scht du von dein'r Muatt'r bloß so ebbes sa?

Merkts euch alle, a Muatt'r duat ma stets verehra,
sowas Saudommes will i von koim meah hära."

„Ab'r wenn es doch so isch", sait d'r Seppl drauf
ond regt da Lehr'r scha wied'r auf.

Weil ab'r d' Lehr'r von Natur aus neugierig send
ond von de Kind'r alles wissa wend,

laßt ihm dös scha gar koi Ruah
ond er fraugat no a'maul dean domma Bua:

„Seppl! dei Muatt'r soll schei'heilig sei,
dös leuchtat mir scha gar it ei.

An was willscht ausgerechnet du dös kenna,
ka'scht du mir vielleicht a Beischpiel nenna?"

„Ja" sait d'r Seppl, „dean Wunsch ka i erfülla,
mei Muatt'r nimmt 's ganze Jauhr Anti-Bäbi-Pilla

ond an Weihnachta singt sie froah ond frisch
ihr Kinderlein kommet, also wenn dös it schei'heilig isch!"

Auf dös na ka d'r Lehr'r nix meah sa,
deam haut's saub'r d' Schtimm verschla.

Tante-Emma Läda

Dia „Tante-Emma-Läda", wo ma früah'r so gemüatlich ei'kaufa haut könna, werdat all weanig'r ond bald gibt es gar koine meah.

Wenn i dradenk, wia ma dau früah'r bedient woara isch – – ond wenn i an die heitige Sup'rmärkt denk, nau üb'r-kommt mi a leise Wehmut. Wenn mi früah'r d' Muatt'r zom Martin Mill'r zom Ei'kaufa g'schickt haut, zom Beischpiel om Meahl, Zuck'r, Reis ond Brauthering zom holla, nau haut ma da Zuck'r, 's Meahl ond da Reis abg'woga ond je in a Papierg'schtattl neig'füllt. Für d' Brauthering haut mir d' Muatt'r a Gefäß mitgeaba, wo ma d' Hering ond wohl a Soß neidoa haut. I mag d' Brauthering heit no geara ond natürlich viel Soß d'rzua, weil ma in der d' Pellkartoffla so schea ei'donka ka. Bei de Bismarckhering haut ma ganze Dosa kaufa könna. Dös warat ab'r no Hering, solche gibt es scha lang nomma. D'r Zichore ond d'r Feigakaffee warat dortmauls au scha ei'packt. Mit deam roata Zichore-papier hand sich manche Mädla roate Bäckla g'schminkt. Beim Essig ond beim Öl haut ma Fläscha mitbringa müaßa, weil d'r Essig aus ma groaßa Ballon ond 's Salatöl aus ma Kanischt'r abg'füllt woara isch. 's Kraut haut's in groaße Krautschtanda geaba, ab'r dös hand mir dauhoim selb'r im Kell'r g'hett. Drei ganz wichtige „K" haut ma früah'r in je-dem Kell'r g'hett ond zwar: Kartoffl, Kraut ond Kalchoi'r. Eigentlich no a viertes K – Karotta. Nauchdeam mir Schwauba ab'r „Gelbe Rüaba" sagat, laß i dös vierte K weg. Ond doch gibt es no a viertes K – Kellrassla. Dia sind zwar a Ungeziif'r, ab'r sie helfat hund'rprozentig gega d'

Gelbsucht. Wia ma dös Mittl aus de Kellrassla zuabereitat ond eing'nomma haut, dös verraut i it.

Auf die jetzige Sup'rmärkt beziehungsweise Selbstbedienungsläda, könnt ma guat verzichta, denn dia verleitat oin bloß zom Mehreinkaufa ond zom Steahla. I hau's a'maul selb'r g'seah, wia a junges Mädle, nauchdeam sie durch d' Kasse durch war, aus ihrem Blusenausschnitt zwoi Schachtla Zigaretta rausg'hollat haut. Früah'r haut ma aus deane Ausschnitt au manchmaul ebbes rausg'hollat. Dös war zwar au a Sünd, ab'r a scheana.

Was mir in deane Sup'rmärkt scha gar it g'fällt, isch dös Obscht ond Gemüse a'langa ond trucka ond nau doch it kaufa. I hau a'maul einer älteren Dame a zeitlang zuagukkat, dia üb'rall ihre Fing'rabdrücke hinterlassa haut ond hau nau zua ihr g'sait: „Hands iatzt glücklich alles a'dappat ond druckt? Was moinat ihr, was dia zua mir g'sait haut? „Bei Eahne bräucht i it lang drucka, dau sieh i es au so, daß Sie scha alt und ungenießbar sind." Dean'r hau i es ab'r nau z'ruckgeaba. „Wenn Sie dau henna verloara gingat", hau i zua dean'r g'sait, „nau dät i Sie au it beim Frischobscht, sond'rn beim Dörrobscht ond zwar glei bei de Dörrzwetschga suacha." Bua dia isch nau ganga.

Das Ozonloch

Nauchdeam iatzt grad lange Haur ond Vollbärt, gepflegte ond mehr ungepflegte, stark in Mode sind, ma sait iatzt „inn" sind, muaß i mi in so en Hauraposchtl so verguckat hau, daß i in d'r Nacht von ihm traimt hau. I bin im Traum voar em Himmlstor g'schtanda ond dau haut nau d'r Hl. Petrus, der en wirklich scheana Vollbart haut, mi g'fraugat, ob es mir it leid däb, daß i scha dau sei. Dau hau i nau ganz ehrlich g'sait: „I bin froah, daß i 's Erdendasein üb'rschtanda hau." „Iatzt dös här i au ganz selta", haut daudrauf d'r Hl. Petrus g'sait. „Was isch dir denn so verdloidat, od'r warscht so schlecht verheirat?" wollt er von mir wissa. Ond dau hau i nau all dös aufzählt, was mir scha seit langem nomma g'fällt:

Daß d'r Mensch, die Krone der Schöpfung, alles was schea isch ond war, vernichta däb. Daß er voar laut'r Habgier ond Gewinnsucht die ganze Umwelt vergiftat. Daß 's Müllproblem unlösbar sei ond daß mir im oigana Müll no versticka müaßat. Daß Dutzende von Voglarta, Schmett'rling, Käfer, Insekta, Bloma ond Pflanza scha ausg'schtorba sind. Daß die Meere ond Flüsse so verseucht ond vergiftat sind, daß dau bald koi Lebewesen meah exischtiera ka. Daß die moischte heitige Künschtl'r, beziehungsweise solche, dia oine sei mächtat, so en Mischt und Schund, ganz gleich ob Musik, Gesang oder bildende Kunscht produzierat, daß ma, wenn ma no normal isch, dauvon krank wird. Daß d' Millionär so aus'm Boda schiaßat, als wia früah'r d' Pilz nauch ma warma Reaga. Daß d' Menschheit dank von de Komputer all no dümm'r ond faul'r wird. Daß d'r Sex Formen annimmt, daß ma sich als reif'r Mensch schäma muaß.

All dös ond no viel, viel mehr hau i aufzählt. Wia i nau no dös groaße Ozonloch a'g'führt hau, haut d'r Hl. Petrus g'moint, dau werdat mir no gucka, was dau no alles kommt. Dös sei erscht d'r Anfang. Wia i ihn nau g'fraugat hau, ob ma dös Ozonloch it vom Himml aus schliaßa könnt, haut d'r Petrus ganz ernschthaft g'sait: „Dös Loch hand ihr

Menscha selb'r verursacht, iatzt sollat dia au gucka, wia die daumit fertig werdat. Sie redat ond schreibat all bloß von deam was wichtig ond nötig sei ond sie dond doch nix. Was nützt es, wenn es hoißt, ab 1995 od'r gar erscht ab em Jauhr zwoitausad wird dös ond dös bess'r. Bis dau na isch es sowieso scha zu schpät. Wenn d' Menschheit dia Milliarda, dia sie für d' Rüschtung ond für d' Weltraumforschung ausgebat, für d' Umwelt verwenda dätat, nau könnt's no a paar Jauhrzehnte läng'r ganga. D'r Herrgott, an dean so viele Menscha nomma glaubat, haut de Menscha so a scheana Welt g'schenkt, daß mir daumit glücklich ond zufrieda sei könntat. Doch mir heitige Menscha seiat wia ungezogene kloine Kind'r, dia ihr schönschtes Spielzeug hi'macha müaßat. Wenn mir so weit'rmachat, nau sei es nomma zom aufhalta, was no so alles kommt. Was ons Menscha fehlt, dös sei d' Ehrfurcht voar em Schöpf'r ond d' Bescheidenheit."

Ond nau haut d'r Hl. Petrus mi kurz in da Himml neigucka lau. Bloß vorna na. Ond dau hau i nau all dös g'seah, was mi in mein'r Kind'r- und Jugendzeit begleitet ond mi glücklich g'macht haut. All dös, was es auf Erden nomma gibt, was, wia ma so leichthin sait, ausg'schtorba isch, hau i dau g'seah ond troffa. Dau war i nau so glückselig, daß i laut g'sunga ond g'jauchzt hau.

Wenn mei Frau im Bett neabadana it hellauf g'lacht ond mi mit ihrem Lacha aufg'weckt hät, wer woiß, was i no alles g'seah ond erleabt hät.

Wia i nau schpät'r aufg'schtanda bin ond d' Zeitung in d' Hand g'nomma hau, bin i glei daudra erinnrat woara, daß all dös schtimmt, was i em Hl. Petrus v'rzählt hau ond daß vieles no viel schlimm'r isch, als wia i es g'schildrat hau.

Bin i froah, daß i scha so alt bin.

Dös war's also. I bedank mi fürs Leasa ond i hoff, daß i mit
meine Zeila a'weng a Fraid g'macht hau.

A bißale nett sei,
A bißale liab sei,

A liabes Wort saga,
Anand'r vertraga,

Anand'r zuahära,
Sich it glei beschwera,

A Herz hau,
Zur Hoimat schtau,

Vorwärts schaua,
Auf Gott vertraua,

Nau, ihr werdat's seah,
Isch 's Leaba wirklich schea.

Dös alles behauptat ganz keck:
Ihr Martin Egg